鄭成功

嗨！有趣的故事

盛文強

Hi! Story

中 華 教 育

【出版說明】

在文字出現以前，知識的傳遞方式主要就是語言，靠口耳相傳的方式記錄歷史與情感表達。人類的生活經歷、生命情感也依靠著「說故事」來「記錄」。是即人們口中常說的「傳說時代」。然而文字的出現讓「故事」不僅能夠分享，還能記錄，還能更好、更廣泛地保留、積累和傳承。

《史記》「紀傳體」這個體裁的出現，讓「信史」有了依託，讓「故事」有了新的準則：文詞精鍊，詞彙豐富，語言精切淺白；豐富的思想內容，不虛美、不隱惡。選擇人物一生中最有典型意義的事件，來突出人物的性格特徵，以對事件的細節描寫烘托人物的情感表現，用符合人物身分的語言，表現人物的神情態度、愛好取捨。生動、雋永而又情味盎然。

「故事」中的人物和事件，從來就是人類的「熱門話題」。她是茶餘飯後的趣味談資，是小說家的鮮活素材，是政治學、人類學、社會學等取之無盡、用之不竭的研究依據和事實佐證。

中國歷史上下五千年，人物眾多，事件繁複，神話傳說與歷史事實並存，正史與野史交錯互映，頭緒繁多，內容龐雜，可謂浩如煙海、精彩紛呈，展現了中華文化的源遠流長與博大精深。讓「故事」的題材取之不盡，用之不竭。而其深厚的文化底蘊如何呈現，怎樣傳承，使之重光，無疑成為《嗨！有趣的故事》出版的緣起與意趣。

《嗨！有趣的故事》秉持典籍史料所承載的歷史精神，力圖反映歷史的精彩與真實。深入淺出的文字使「故事」更為生動，更為循循善誘、發人深思。

《嗨！有趣的故事》以蘊含了或高亢激昂或哀婉悲痛的歷史現場，以對古往今來無數先賢英烈的思想、事蹟和他們事業成就的鮮活呈現，於協助讀者不斷豐富歷史視域和深度思考的同時，不斷獲得人生啟迪和現實思考、並從中汲取力量，豐富精神世界，在實現自我人生價值和彰顯時代精神的大道上，毅勇精進，不斷提升。

【導讀】

鄭成功，名森，幼名福松，字明儼、大木，福建泉州南安人，明熹宗天啟四年（一六二四年）七月十四生。其父鄭芝龍亦商亦盜，後來接受朝廷的招安，在官方身分的保護下，靠海外貿易、收取關稅、保護航船而積累了巨大的財富，掌握了東亞地區的海上霸權，親手締造了鄭氏的「海上帝國」。

鄭成功七歲時入學校讀書，十五歲考取秀才，後拜錢謙益為師，入南京國子監深造。此時正逢明末多事之秋，李自成攻破北京、崇禎皇帝自縊、吳三桂引清軍入關，天下風雲突變，明室王孫南下，成立小朝廷，史稱「南明」。在內有佞臣爭權奪利、外有清兵壓境的局勢下，風雨飄搖的南明小朝廷頻頻易主，危如累卵。

鄭芝龍先是在福州擁立唐王朱聿鍵為帝，後被清廷誘降，到北京後即遭到軟禁。鄭成功拒不投降，他招羅舊部，並焚燒儒服，以表明棄文從武的決心。從此以後，他從翩翩儒生公子變身為統兵將領，常年在東南沿海堅持抗清，成為明末重要的抗清力量，一度率領船隊北伐，入長江口溯流而上，圍攻南京，可惜功敗垂成，退到廈門，後來在廈門海戰中力挫八旗精銳，揚威海上。

永曆十五年（清順治十八年；一六六一年），鄭成功率兵橫渡臺灣海峽，趕走了佔據臺灣的荷蘭人，結束荷蘭在臺灣三十八年的殖民統治。

清康熙帝曾說「朱成功明室遺臣，非吾之亂臣賊子」，也寫下楹聯：「四鎮多二心，兩島屯師，敢向東南爭半壁；諸王無寸土，一隅抗志，方知海外有孤忠。」贈與泉州三邑南安鄭氏祖墳。清末，為籠絡臺灣人，清廷逐漸將鄭成功形象定位為「忠義典範」。清光緒元年（一八七四年），清廷派遣欽差大臣沈葆楨來臺辦理海防事務，沈葆楨在該年底與其他官員聯名上奏，以鄭成功「感時仗節，移孝作忠」之義，應屬「為民表率」，而奏請皇帝准為其建祠祭祀。翌年，清光緒帝悉准其奏，正式在臺為鄭成功立祠，並由禮部追謚「忠節」。

目錄

長鯨入夢

明熹宗天啟四年（一六二四年）七月十四，日本長崎縣平戶千里濱。

懷有身孕的田川氏在侍女的攙扶下，來到海濱散步，邊走邊輕撫著高聳的肚子。過不多久她就要臨盆了，而她的丈夫此時還遠在海外，音訊全無。連日來，田川氏心中頗覺煩悶，便帶著侍女走出家門，來到海邊排遣愁悶。

在長崎縣的千里濱，海邊有一片平坦的沙灘地帶，礁石點綴其間。沙石之外，滾動著的大海像一頭巨獸，在長夜的昏睡中剛剛醒來，仍流連於酣眠的香甜之中，遲遲不願起身。它扭動著肥碩的身子，每一寸皮膚都在蕩漾，褶皺裏散射著耀眼的藍光。

當它真正醒來時，整個世界都會為之震顫。

對於海邊長大的人來說，海是司空見慣之物，在日常生活中，那片藍色的大水隨時都在空曠的天空之下。

在海邊，涼風吹來，田川氏的精神為之一振。

這是平戶島的西岸，多有島嶼星散於海中，有舒展平緩的沙灘，也有懸崖峭壁下的陣陣驚濤，還有一些深邃曲折的峽灣。

平戶島位於日本的西部，與中國相距不遠。從平戶往西，便是李氏朝鮮的濟州島，再往西南航行，是中國的閩浙一帶。

她往西南望去，但見海波跳蕩，卻望不見彼岸的蹤影。幾處帆影在海平面上來回挪移，那些白亮的方塊緩解著海平面的單調。

她盯著那些帆影，不知其中有沒有丈夫乘坐的船隻。看了多時，帆影都在海上消失了，它們去往未知之鄉。

她嘴裏喃喃道：「一年多了，芝龍也該回來了，怎麼還是不見蹤影？」

侍女在旁聽到了，也不禁暗自歎息。

田川氏的丈夫名叫鄭芝龍，是大明泉州府南安縣人氏，常年往來於海上，四方經營，是個大富商。有人說他是海盜，也有人認為他是走私商人，其實他擁有多重身分。

他在海上擁有一支武裝力量，做著亦商亦盜的生意，他的武裝甚至讓大明朝廷深感頭疼。想當年，他還很年輕，跟著舅舅去海上學做生意，卻意外發現了自己的語言天賦，幾年時間就掌握了數種語言，做生意之餘，也在商船上做翻譯。

記得二人初見之時，鄭芝龍操著一口流利的日語，在几案前侃侃而談，全然不像中原人士。杯中的茶涼了，侍女又添了新茶，水汽裊裊上騰，隔著水霧，田川氏偷眼觀瞧，只見鄭芝龍的模樣白白淨淨的，拿著茶杯的手指也是纖長的，不像是風裏來、浪裏去的遠洋商人，倒像是個書生。

田川氏回憶起往事，眼角眉梢顯露出笑意。

正在這時，有一艘大船沿著海岸北上，在不遠處的港口停靠後，水手們開始搬運貨物，一派繁忙的景象。在人群當中，田川氏瞅見指揮眾人卸貨的一個小伙子，原來他也是田川家的子弟，曾經跟隨鄭芝龍在海上貿易，當年出海的時候還是個孩子，在海上跑了幾趟後，轉眼就成了大人。

「小姐，您過去問問吧，或許會有好消息。」侍女說。

說罷，二人向大船停靠處走去，一會便來到大船近前。船身高如城牆，大船的陰影瞬間將她們覆蓋，水手的影子在牆頭間出沒。仰頭再往上看，桅杆聳入雲端，隱約聽得到旗角獵獵作響的聲音。田川氏家的子弟向二人點頭致意。

「請問，有沒有我夫君鄭芝龍帶來的消息？」

「上個月我在定海縣遇著了，他在那兒跟紅毛人談生意，晚幾天就回。見面時匆忙，來不及寫信，他讓我捎個口信，說要趕緊回來，等著夫人您臨產呢。先提前恭喜夫人了。」

田川氏喜動顏色，眼前不禁浮現出這樣一幅畫面：

鄭芝龍在船上，正和一群紅頭髮、紅鬍子的洋人談笑風生，嘴裏說的，淨是些嘰哩咕嚕的語言，他的舌頭在口中來回撥動，發出不可思議的聲響，紅鬍子的洋人以同樣的方式回應，不多時，便各自大笑。

想到這些，她的步子不覺歡快起來。離開碼頭，她和侍女繼續在海灘上散步。在她們身後，貨船的喧囂逐漸散去，腳下是平坦白淨的沙灘，礁石時而聳出，裸露著黑色的脊背，海就在眼前——一片幽靜的所在，彷彿天地初開。

對她們來說，這是一片全新的海灘，人跡罕至，偶爾有海鳥拍打著翅膀從她們頭頂飛過，毛羽之間，氣浪鼓蕩，留下幾聲尖銳的長嘯，更襯出海灘的空曠。

「看，有貝殼。」侍女指著腳下驚喜地喊道。

在她們周圍，有許多漂亮的貝殼。

「有這麼多，還真是少見。」田川氏沒有注意腳下，聽侍女一說，趕忙低頭一看，地上有一隻形態奇特的大貝殼，格外搶眼。這隻大貝殼棱角分明，一半隱沒在沙子裏，裸露的一半閃爍著五彩的光，剛才險些絆倒侍女。

田川氏和侍女畢竟還是少女心性，聽到鄭芝龍就快回來的消息，又添了十二分的高興，於是主僕二人在沙灘上撿起貝殼來。

田川氏因身子不便，撿了幾個，就讓侍女代她去撿，自己靠在礁石邊坐下休息。眼望著侍女在沙灘上蹦蹦跳跳，留下一串可愛的腳印。不多時，侍女就撿到幾十枚漂亮的貝殼，用布裙兜著，蹦跳著愈走愈遠。

田川氏停靠在礁石邊休息，微笑著望著侍女撿拾貝殼的身影，不一會兒，一陣困倦襲來，不知不覺中，她倚著礁石睡著了。

她做了一個奇怪的夢。

在夢裏，她站起身來，環顧四周，仍是千里濱的這片海灘。忽覺四下光影恍惚，眼前的海面上全是跳動的光斑，忽聚忽散。她揉了揉眼睛再看去時，海面起了波浪，毫無預兆地竄升起一座洪峰。

隨後，洪峰一分為二，水中飛出一頭白鯨，一陣搖頭擺尾，跟著，空中下起了大雨。田川氏的衣衫徹底被打濕，她卻毫無躲避之意。她的注意力都被空中這頭白鯨吸引。白鯨騰在半空中，巨大的暗影貼在田川氏臉上，陰寒的感覺使她裹緊了衣衫。

白鯨飛到最高處，卻並沒有落回海裏，而是在空中轉身後，徑直撲向田川氏，田川氏一愣，未能躲過，一道幻影進入了田川氏的肚子，那頭白鯨就憑空消失了。先是方形的頭鑽進了田川氏的肚子，三角形的尾巴撲騰著緊隨其後，扇起的風把她腳底的沙灘颳出一個淺坑。

鯨尾一閃即逝，田川氏的肚子驟然隆起，巨鯨在裏面左衝右突，這使她的肚子看上去忽高忽低，起伏不定。

偌大一頭白鯨，長可十餘丈，整個衝進腹內，田川氏只覺肚腹脹痛，難以忍受，似要炸裂開來。

田川氏從夢中疼醒，但劇痛並未減輕，她疼得滿地翻滾。

「小姐，您怎麼了？」

去撿貝殼的侍女聽到聲響趕緊跑了回來，布裙下擺中的螺和貝，也全部滑掉。

「我夢見一頭白鯨鑽進我的肚子裏了，感覺快要脹開了，怕是要生了。」

田川氏說著，汗珠從迸起青筋的額頭上不斷滾落，因為疼痛，她的雙手緊抓著礁石上的凸起處。

侍女沒經歷過這種場面，驚得不知所措。果然，不多時，她在侍女笨手笨腳的幫助下，在海邊的礁石旁誕下一個男嬰。

這個男嬰，就是後來大名鼎鼎的鄭成功。

田川氏產子的那塊礁石，後來被人們稱作「兒誕石」，成為一段往事的見證。兒誕石因鄭成功而馳名，後人題詠不絕。人們都在傳講，說這個孩子是巨鯨的化身，註定要在驚濤駭浪中淬煉成長，他的一生將與大海緊密聯結在一起。

因田川氏出門太久，家人放心不下，怕有意外，於是派出人四處尋找。一行人趕到了海邊，邊走邊喊。

田川氏的侍女聽到後，站起來揮舞著手臂高喊道：「我們在這裏，在這裏！」眾人趕忙跑過來。

空曠的沙灘上，幾塊礁石阻斷了眾人的視線，當他們繞過礁石時，大家驚奇地發現，田川氏雙手高舉著一個嬰兒，向眾人昭告一個新生命的誕生。

只見這個嬰孩在陽光下踢騰著手腳，身子瑩白而耀眼。這個純淨無瑕的新生命，正面向大海，發出響亮的哭聲。

莊園少主

鄭成功降生不久，他的父親鄭芝龍終於從海上回來了。不過沒待多久，又匆匆回到海上去了，似乎大海才是他的家。

這之後的許多年，鄭芝龍偶爾回來一趟，又消失不見。

在鄭成功的心中，父親就是一團虛影。父親回來時，是喧鬧而又愉悅的。那時的他，只記得有個高大的身影將他攔腰抱起，家中塞滿了人，有時竟然無處落腳。

一轉眼，鄭成功便在日本長到了七歲。按照父親的吩咐，請了專人教授鄭成功漢語，而當鄭成功和母親交談時，便換成了日語。

明崇禎四年（一六三一年），平戶有戶人家去福建做生意，恰巧遇見了鄭芝龍，回來後說他在福建做了大官，另外娶了妻，生了子，決意不回日本了。田川氏驚疑不定，不知傳聞是真是假，為此常常暗自流淚。

沒過多久，鄭芝龍派了一個使者回來，使者拿著金帛，要接兒子鄭成功回國，田川氏卻捨不得讓兒子走。

使者早有準備，他拿出一張畫像，畫像中有一人，金盔金甲，端坐在虎頭船的太師椅上，手裏擎著象徵兵權的節鉞，他身後飄揚著帥字旗，旗上有一個描金的「鄭」字，身後則是桅檣如林，帆布翻滾，彷彿隆隆有聲，隱藏在船隊中的兵丁只露出叢叢頭盔，千萬人簇擁著這個人。

鄭成功偎在母親身邊，見那畫卷徐徐展開，露出了盔甲的一角，聽大人們說，這就是自己的父親鄭芝龍。

他歪著腦袋看那畫上的人，但見那人威風凜凜，再看相貌，卻頗覺陌生。

田川氏沉吟良久，終於同意讓鄭成功回去，同時又憂心忡忡，拉著鄭成功不放。

使者說道：「請夫人不必擔心。我家老爺回到大明後，已經接受地方大員的招撫，現在屯兵泉州安平鎮，官拜都督同知，從日本到南中國海的船隻只有使用鄭家的旗號才可通行，少爺此行如同遊玩一般，可說是萬無一失。」

說到遊玩，鄭成功內心不禁有些雀躍。

「母親為何不同我一起走？」鄭成功問母親。

田川氏歎道：「若按自古流傳的風俗，你父原本入贅咱家，招了贅婿的女子，按例不得與婿同歸，我兒先去待一陣子，後面再做計較。」

鄭成功辭別母親，便跟著使者上路了。

這是他平生第一次回到父親的故鄉，也是第一次離開母親遠行，一路上難掩心中的興奮，拉著使者問這問那。果如使者所言，大船從平戶出發後，一路順暢。

在海上行駛十天後，終於到達福建泉州海域。鄭芝龍的宅邸位於泉州府城南三十里的安平鎮，這裏也是鄭家祖居之地，鄭芝龍的父親鄭士表曾為府衙的庫吏，鄭芝龍發跡之後，便在濱海之地興建了鄭家大宅。

天色已近黃昏，莊園的高牆在夕陽下投出了狹長的黑影，樹木也將影子送向了遠處，大船沿著人工開鑿的河道徑直開進鄭家莊園。

鄭成功走出船艙，見水手在船頭揮動旗幟，橫在水面上的大閘從中間裂開，分作左右兩片，向空中揚起，像是開啟的門戶。大船從中穿過後，閘門放了下來。隨後，大船從一處裝有鐵柵門的高牆中間穿過，才得以進入莊園的深處。

鄭成功回頭之際，鐵柵門「哐」的一聲在身後關閉了。只見莊園內水網密佈，船隻往來繁忙，儼然街市。

鄭成功乘坐的大船直接開進了鄭府內宅，穿過層層院落，在一處幽靜的水域停靠下來。跳板搭起，鄭成功的雙腳第一次踏上鄭府的地面，早有管家鄭安在此迎接。管家身後站著一排丫鬟，手捧衣冠及茶點，應用之物，一應俱全。

「管家鄭安參見少爺。老爺有軍務在身，未在府中，已派人前去稟報。」鄭安說著，拉起鄭成功的小手，向宅院深處走去，隨行的使者隨即告退。

鄭成功並沒有接管家的話，而是指著大宅之內的一處高大建築問道：

「那是什麼在放光？」

「那是議事廳，發光的是珊瑚樹，樹上點綴的黃葉子都是金子做的。」

「有這麼大的珊瑚？都快到屋頂了。珊瑚又怎麼會是黃金的葉子呢？它天生就是這樣嗎？」

鄭成功發出一連串的疑問。

「只有在南海深處，才會有這樣高大的珊瑚。在南海之濱，有人專以捕撈珊瑚為業，售賣高價，他們原本都是生活在海上的疍戶，最擅水性。他們尋找珊瑚的蹤跡後，便潛到海裏去，將整棵珊瑚撬起來，用繩子拴牢，船上的人合力將珊瑚拽出水面，裝船運回。但整個過程務必小心翼翼，哪怕碰壞一點，都難入上品。」

管家一一道明珊瑚寶樹的來歷。

「不入上品的該怎麼辦？」

「不入上品的，恐怕只能扔回海裏去。府上這棵，算是上上之品。」

「那些金葉子是怎麼來的，珊瑚枝上不會生金葉子吧？」

「至於那些金葉子，是請能工巧匠打造的，每片葉子的葉脈細看都是不一樣的，造完葉子，再一片片安裝上去。安裝時要模仿出樹葉生長的勃勃生機，多取明暗向背的勁姿，而不能有絲毫的呆滯之態。」

鄭成功聽了，驚得張大了嘴巴，半天說不出話來。

「其實這也算不得什麼，海中出產的珍寶，倒也易得。只要是海裏有的，府中都有，除了珊瑚，還有明珠、龍涎、玳瑁、鯨角、硨磲，庫中堆積如山。」管家不無得意。

鄭成功難以相信，自己的父親、那個被稱作「一官」的人，居然積累了這樣的財富，這超出了他的想像。在他心目中，父親無疑是個大人物，而實際上，也正如他所想，甚至超出了他所想，他的父親確實是個大人物。

「少爺，先到房中歇息吧，房間已經讓人收拾好了。」管家輕聲喚道。

鄭成功把目光從珊瑚寶樹上收回來，眼前還是閃耀著紅與金兩種明晃晃的光斑，揮之不去。他使勁晃了晃腦袋，硬是把眼前的那些虛影給甩掉了。

「真是一座神奇的莊園，神仙居住的地方也未必能趕上這裏。」看著周圍的風景，鄭成功在心裏暗暗讚歎著。

黃雀在樹叢中飛起，狸貓立在亭子的琉璃瓦上，白兔出沒在草叢之間……牠們牢牢吸引著鄭成功的目光。

議事廳外面，山石和溪流呈現出一派野趣。人工瀑布從假山上傾瀉而下，水聲激蕩，風從樹梢吹過，半空有枝條的碰撞聲，點綴於其間的亭臺樓榭絲毫不顯突兀，皆在恰當的位置。極目遠望，只見奇花異草傍石而生，溪流清澈見底，蜿蜒盤旋，卻不見圍牆的阻隔，可見宅院之大。

其實鄭成功看到的是真正的山水，只不過被圈進了宅院之中，成了內景，造園者因勢利導，人工鑿了山石的形狀，山石背陰處又遍植蘭草綠植，為莊園平添了幾分幽靜之氣。把大溪流改造成若干小支流，改易流水的方向，使得幾十步內可見流水，流水之上架設石橋，欄杆上雕有獅子和麒麟，有的怪獸已被青苔覆蓋。總之，在自然景觀之上，再施以人工斧鑿，這風景便達到了真假難辨的奇異境地。

鄭成功聽了管家的介紹，不覺嘖嘖稱奇。如果沒有管家的引導，他恐怕早就在這大宅中迷路了。

「少爺，您是老爺的長子，也就是這座莊園的少主人，將來老爺百年之後，您還要繼老爺的位置，這裏的一切也都是屬於您的。」

管家看出了鄭成功的驚詫，他知道鄭芝龍接兒子回來的目的，是想把兒子放在身邊，作為最信任的接班人來培養，正所謂「父母之愛子，則為之計深遠」，鄭芝龍希望兒子早日成為他的左膀右臂，百年之後，能夠繼承他的基業。

「我是少主人？那你聽我的話嗎？」鄭成功仰著臉問管家。

「當然，當然聽。」鄭安俯著身子答道。

「那好，我要到那上面去。」鄭成功指著遠處半空中的一座瞭望樓說道。

「這……好吧，上面太高，我扶著少爺上去。」管家擔憂地答應道。

瞭望樓是用於觀察敵方情況的高樓，鄭府的大宅實際上是一座城堡，也是鄭芝龍的大本營，一派山光水色的背後卻暗藏刀兵，只不過常人難以發現罷了。

主僕二人來到瞭望樓下，跟值事的兵丁打了招呼，接著從樓上放下來一個大竹筐，二人站到筐裏，兵丁轉動絞輪，將二人送到了最高處。

瞭望樓由一根大柱子支撐，樓上狹窄，有簡易的屋頂用來遮擋風雨，值事的兵丁在此負責觀察敵情。此時，太陽已經落山，紅霞鋪滿西天，縱橫交錯的水道與遠處的大海接通，水面上染透了金光。被水網切割出來的一塊塊方形的陸地反而黯淡下去，深沉的暮色已經提前降臨在陸地上，水網交織的航道顯得更加清晰。

在水上討生活的人，對陸地的認知原本就是模糊的，在日本千里濱長大的鄭成功對水有著天然的親近感。這次從日本泛海歸來，在他幼小的心中更添了幾分對水的好奇——原來那些水是道路，卻又比道路平滑，船行駛在水面上，全然沒有阻礙。

瞭望樓突然一陣搖晃，管家鄭安高大的身軀趕緊靠了過來，鄭成功看得出神，並沒理會。管家站在鄭成功身邊，見鄭成功被夕陽下的水道吸引，不禁說道：「水路是財源，看，金燦燦的，都是金子的顏色。」

鄭成功側過臉來望著他，若有所思。

「水路中間的那些陸地，都讓房屋填滿了，還有人進進出出，那是些村鎮嗎？」

「那些房子和土地，也是鄭府的一部份。那邊是奴婢的房子，他們負責宅院的日常飲食起居；另外一邊是百工的駐地，他們主要負責造船、造兵器；再遠處是兵營，是練兵的地方。」

管家盡可能細緻地作了解答，以滿足孩童的好奇心。

「原來鄭家的產業這麼大，房子連成了片，簡直望不到邊。」鄭成功自言自語道。

「其實不止這些，安平鎮只不過是個彈丸之地，暫時用來歇船而已。少爺可還記得剛才乘船進來的那條水道？那條水道可以通到老爺的臥室門口，老爺從臥室出來，就可以直接上船出海，往北可到朝鮮與日本，往南可到交趾、呂宋、琉球、滿剌加。」

管家說著，只見一條大船快速駛進了宅院，管家滿臉喜悅地說道：「少爺，那是老爺的座船，老爺回來了，我們快下去相見。」

兩人再次站到竹筐裏，兵丁搖動轉輪，將兩人緩緩放下。在暮晚的微弱光線中，一高一矮兩個身影自上而下緩緩下落，沒等著地，那個矮個的影子突然跳出竹筐，朝大門飛奔而去。高個的身影在後面追趕著，一會兒的工夫，兩個身影便消失在層層院落之中。

父子演兵

鄭成功回到父親身邊後，父子相處愉快，日漸親近。

鄭芝龍工作閒暇時，便帶著鄭成功各處遊逛。閩中濱海之地，得山海之形勝，有奇峰絕壁，有野花幽樹，有驚濤拍岸，有灘塗河汊，有孤島鯨波。每當鄭成功疲累甚至要摔倒之際，父親的手總會即時從身後伸出來，抓住他的胳膊或牽住他的手，給他有力的支撐。

父子整日相處的愉快時光，相比鄭成功在千里濱時有趣多了。當初在母親身邊時，鄭成功整日被圈在深宅大院中，猶如籠中鳥，頗受約束。而在父親身邊，卻喚醒了他身為男子的野性。

轉眼間，鄭成功已經長到十二歲了，鄭芝龍讓人給兒子做了一副小盔甲、小弓箭和小矛，還有一匹小紅馬，鄭芝龍練兵時，鄭成功就騎馬跟在左右。此外，鄭芝龍還專門請先生教鄭成功讀書、寫字。

這天清晨，父子二人點兵出演。信炮響起，先頭部隊已經來到帳前，呈扇面狀排開，隨後一分為二，中間讓出一條道路，紅氈在鼙鼓的催促聲中徐徐打開。朝陽開起，所過之處滿是耀眼的紅，兵卒手持矛槊很快拱衛在兩側。風從鐵杆和尖刺間吹過，擦出了陣陣長嘯。

兵卒侍立在紅色的道路旁，風從海上吹來，把那紅光吹拂到空中，隨即貼近地面的低空中起了濃霧般的紅暈，淹沒了兵卒的膝，戰馬的腿，還有矛的杆，黏稠遲滯的氣息在膝踝之間起落，眾人陷入了長久的寂靜空曠之中。

眾將士等待之際，一匹白馬緩緩映入眼簾，牠緩步走在紅氈上，顯得悄無聲息。馬背上的白袍罩住裏面的黃金甲胄，鄭芝龍出現在霧中，他的身後是緊緊跟隨的騎著紅馬的鄭成功。

天光還未完全放亮，在海邊的平原上，黑壓壓的軍佇列開陣腳，鄭成功看到無盡的人牆，還有他們身後的大河，河中的戰船也一字排開。河的盡頭，是寬闊的海面，有巡邏的哨船在海灣裏逡巡，帆影點點，點綴在虛懸的天幕上，彷彿飄在半空中。

在眾將的簇擁之下，鄭成功隨父親打馬掠過軍陣。隨著天色初明，兵卒的輪廓也都勾上了亮銀的邊。鄭芝龍的部眾到底有多少人？有人說有十萬，也有人說有二十萬。此外，還有戰船三千餘艘，船上雙層甲板，配備了最新式的紅夷大砲。

鄭家還收取海船的關稅，因此富可敵國，所養之兵不用朝廷開支，而是自籌餉銀，待遇遠高於朝廷，所以人們爭相投奔鄭芝龍。

此時的鄭芝龍正是躊躇滿志的時候。他手中的旗幟一分，瞬間喊殺聲震天，旗幟一揮，眾兵卒火速登舟。隨後，船上落下吊橋，鄭氏父子騎馬從橋上通過，直達帥船。

帥船是鄭芝龍的指揮所，船體龐大，船內能容納三百餘人，兵丁各司其職，分列於船的首尾和舷艙等處。眼見人頭攢動，刀戟森嚴，儼然一座移動的堡壘，黑洞洞的砲口，高懸在黎明之際的海面上。

「大人，一切準備就緒。」副將前來報告。

「開船！」鄭芝龍手中令旗向前一揮，高聲喊道。

話音剛落，水面上就一陣騷動，升帆搖櫓，呼喝連天。海上的涼風迎面吹來，號角在風中拖出悠長的音，爆豆似的鼓點適時迸發出來，將士精神為之一振，鄭成功也將晨起的睡意全部拋到了腦後。戰船開動，瞬間衝出河口，海面之上赫然開闊起來。

鄭氏父子的大船衝在最前面。他們乘坐的是一艘雙層甲板的鳥船，配有二十四門可移動的紅夷大砲，兩廂各有兩艘烏尾船護衛，船隊緊隨其後。鄭成功回頭一看，但見海面被橫列的船隊所覆蓋，到處是桅杆的叢林，大船控住波浪，船頭並列在一處，聚攏為一片可移動的陸地。向船隊的左右兩翼望去，卻看不到盡頭。鄭成功見了也是驚訝不已。

兵卒早已搬出一大一小兩把椅子，穩穩放置於甲板之上，鄭芝龍和鄭成功父子坐在船頭。此時紅日已經從海平面上一躍而起，攀到了高處，兩邊有人擎著傘蓋，為父子二人遮擋陽光。眼望著船頭劈開波浪，駛向大海深處。不多時，船隊便行至東海之中，四下是不見邊際的大水，海面上泛著無數跳動的碎片，晃得人睜不開眼。

「森兒，你看，這些是太陽的反光，最是耀眼，於我軍不利。」鄭芝龍指著海面對兒子說。

「那些光會晃眼睛，但妨礙也不大，能看得清。」鄭成功說。

「兩軍遭遇，一點小小的紕漏都能決定勝負，遇到反光、逆風，包括退入岬灣，都是不利的，不能有絲毫大意。」

鄭芝龍說完，令旗往左一搖，船隊有了微微的傾斜，船上的人也在不知不覺中身子移位，再看水面上的反光，已然暗淡下去。鄭成功驚異於這些細微之處的變化，原以為海上打仗就是猛衝猛打，原來還有這麼多學問。

戰船在水面上停住，放出了由竹竿搭成的簡易船形竹排，竹排的頭部全部削尖，便於分水。竹排上釘的木箱象徵船艙，紅色的帆布獵獵作響。

鄭芝龍雙臂向前合抱，雙手各持一旗，戰船兩翼各有十隻烏尾船魚貫而出。船分兩隊，擺成一個人字形，人字的尖端朝後，開口向前，將飄散的竹排罩在當中。

鄭芝龍在帥船上點燃了信炮，一聲尖嘯後升上天空。戰陣中的烏尾船聞風而動，砲手扳動砲口，對準離自己最近的木排，只聽砲火齊鳴，海面上瞬間炸開數十道深坑，水花濺到空中，下了一場疾雨。

再看那幾十隻竹排，早已不見蹤影，有些竹片的碎屑漂浮上來，原來，竹排已變成了粉末，波浪的頂端也都漂滿了竹片，就在剛才，它們還是一艘完整的竹排。

這也是鄭成功首次見識火砲的威力。

只見他從椅子上跳下來，跑到船頭，扶著擋板，向海面上望去，口中驚歎不已。

鄭芝龍也站了起來，來到兒子身後，他指著前方的烏尾船說：「森兒，這是烏尾船，堅固而又迅猛，最適合突擊，船上的火砲都是最新的紅夷大砲，火力最猛，無堅不摧，還能調整砲口方向，精確瞄準目標。當今世上，估計找不到比這更好的火器了。」

「方才這一隊烏尾船出擊，擺的好像是個人字形，船走了那麼遠，隊形還很整齊，居然一點都沒亂。」鄭成功說。

「這種陣勢叫犫角陣，可以用來包抄敵人小股的船隊。」鄭芝龍講解道。

隨後，艦隊中又放出一隻大竹排，較之前的竹排更為寬大，竹排上披紅掛彩，順風疾馳而去。鄭芝龍用手點指道：「這就好比是敵人的首領，乘船逃走，我當以雁行陣將其殲滅。」這次出動的戰船橫向裏排擺開來，整齊向前。雁行陣猶如雁群在空中橫列，覆壓千里，又能互相借力。果然，在密集的火力之下，敵船瞬間灰飛煙滅。

鄭成功在船頭拍手叫好。

鄭芝龍又指揮艦隊演練了十餘種陣法，然後下令收兵。

「父親，如何才能記得這麼多陣法，這些陣法又該如何操練？」鄭成功看得有些眼花撩亂。

「為父這裏有一卷珍藏的《水師戰陣圖》，其中有歷代水師的舊制，又有新創，森兒可照此圖一一學得，至於其中的奧祕，將來還得靠你自己帶兵操演體會。」說罷，鄭芝龍鄭重地將陣圖放到兒子手上。

自右往左展開陣圖，但見彩繪的戰船組成各式陣形，旁邊注明兵卒和砲火的配備，還用虛點畫出戰陣變化的軌跡。每一圖後附一篇圖說，詳述該戰陣的使用之法，各式旗語與戰陣的變化一一對應，只要學會這些旗語，就可以指揮船隊，縱橫海上。

鄭成功不由得心馳神往，抱著陣圖看得入了迷。

在返航的路上，鄭成功一直在看《水師戰陣圖》，不知不覺間已回到岸邊，鄭芝龍見了暗自歡喜：「吾兒真有志於此矣！」

回到府中，鄭成功命僕人找來一個木盆，在盆中注滿水，拿平時玩的幾隻小木船，放在水面上演練陣法。水盆外擎起幾臺高燭，水面上頓時有了波光。小船的船頭都指向前方，他手中的小旗一揮，眾船向前——當然，是他用手推著向前的。

有隻船掉隊了，他趕緊回身來救，哪知因用力過猛掀出大股水柱，濺到地上。在他的佈置之下，戰船排列為各式陣形，他凌空抓起木船，隨意安放，又擺出了屬於他自己的新陣形。

當晚，鄭成功一直玩到深夜，他的兩隻小手泡得發白，手指也起了皺，木盆裏的水多半濺了出去。直到父親前來催促，才戀戀不捨地懷抱陣圖而睡。

在他的夢中，卷軸中的戰船都活了過來：戰船搖頭擺尾，分開波浪，沿著陣圖上的虛線軌跡，往返奔襲，似戰馬般疾馳。他本人站在海面浪峰上，卻不會沉沒，而戰事緊急，他雖感驚奇卻無暇顧及。突然，敵方的一艘大船超過眾船，一馬當先衝了過來，繪在敵方船頭上的猛獸也張開血盆大口，對他怒目而視，似乎在說：「納命來！」

鄭成功一驚，跌下了浪峰，醒來才知是做了一個夢。

那卷《水師戰陣圖》早已從懷中滑落在地上，觸地後自動展開，一直從臥榻綿延到門口，彷彿一條大道。

這時天已經放亮，門外有光亮照進來，畫卷上的一艘艘戰船無比鮮豔。看著看著，那些戰船都動了起來，呼嘯著向身後倒退，他耳中響起了隆隆的號角聲，彷彿又回到了海上的戰陣之中。

堪為大木

鄭芝龍為了培養兒子，專門請了名師，在家塾內與鄭成功一同讀書的還有二三十名鄭家子弟。

這天午後，鄭成功來到家塾，剛剛落座，先生便給出了題目，命眾學生按題目作文章，題為〈小子當灑掃應對進退〉。這本是出自《論語》中的句子，是指年輕人應該學會打掃房間等家務，通曉迎送客人的禮儀。

塾師本意是想讓學生們各作一篇道德文章出來。鄭成功對此頗為不屑，他提筆寫道：「湯武之征誅，一灑掃也，堯舜之揖讓，一應對進退也。」說的是商代的君主成湯、周代的君主武王姬發，他們平定天下易如反掌，就如同灑水掃地一般，而堯禪位於舜，從容淡定，就如同招待客人的言談和禮數。

塾師看了文章大為驚奇，灑掃、應對、進退本是「修身」的內容，鄭成功卻藉以指代「平天下」的道理，大有舉重若輕之意。

塾師便對人說：「此子雖年幼，其志向不在小，他日當有志於天下，不會是科舉功名之人。」儘管如此，鄭成功十五歲時還是以優異的成績考中了秀才，成為南安縣學裏的二十位廩膳生之一。這廩膳生指的是成績名列一等的秀才，由政府按時發放膳食補助，名額也有定數，明代廩膳生的名額，府學四十人，州學三十人，縣學二十人，能成為廩膳生在當時是一種令人羨慕的榮譽。

鄭芝龍的故友王公覲到鄭府做客，看到鄭成功言談舉止不俗，不禁對鄭芝龍讚道：「令郎是英傑人物，就算是芝龍兄，將來只怕也難與令郎相比了。」

鄭芝龍聽了一笑而過，並不以為意，因為這樣的恭維他聽到的實在太多。不過，他聽塾師說起兒子學業有長進，倒也留了意，準備找機會考一考兒子。

這天早上，剛下過一場雨，空氣中還飄散著紅松木的芬芳。鄭家父子到港口去看一艘新造成的戰艦。

父子二人腳踩著木屑，徑直來到戰艦下面。這艘戰艦除了安裝雙層甲板，還裝有更為強勁的龍骨，同時搭載三十六門重砲，可說是當時最先進的戰艦了。

為了讓戰艦順利下水，戰艦底部事先鋪滿了圓木，圓木鋪成的道路一直延展到海中。戰艦在眾人的合力推送之下，緩緩向海中滑行，一會便穩穩浮在水面上。有人在船頭燃放鞭炮慶祝。

戰艦在一團喜氣中成功下水，水手們打起精神，配合默契，一時間櫓槳鼓蕩，帆篷飛動，整條戰艦行得甚疾，繞著海灣轉了一圈後回到碼頭。隨著風帆的降落，被遮擋住的陽光重新照到地面，眾人眼前為之一亮。又是一陣鞭炮齊鳴。

鄭芝龍見景生情，想考察一下兒子的功課，便對鄭成功說道：「森兒，我們以大船的帆和櫓為題，為父出個上聯，你對個下聯，如何？」

「好，請父親出對。」鄭成功聽出父親想要考察他的所學，心中一動，也想在父親面前顯露顯露。

「我這上聯是『櫓速不如帆快』。」鄭芝龍側身望著帆布。

眾將中不乏飽學之士，人群中有人喝采「好上聯」。這一聯頗難對，字面上看似說搖櫓不如風帆快，實際上還有諧音，暗含著三國時的魯肅和西漢時的樊噲這兩個歷史人物，同時還藏有對歷史人物的評價，旨在說明「文臣不如武將」，實在難對。

鄭成功不禁皺眉思索，忽聽得軍中奏樂聲，靈機一動，便對出了下聯：「笛清還需簫和。」

眾將又是一陣喝采。

原來，這個下聯不僅暗通樂理，還暗含北宋名將狄青和漢代丞相蕭何，同時又說明武將雖強，但也需文臣的配合，父子二人的對聯提到的盡是名將賢相，古來傑出的英雄人物。鄭芝龍對兒子的下聯深感吃驚，沒想到兒子小小年紀，已經頗有捷才，他手撚鬚鬍，頷首微笑。

「姪兒才思敏捷，將來必成大器，真是我鄭家的千里駒。」叔父鄭鴻逵摸著鄭成功的頭，對兄長鄭芝龍高興地說道。

「看來森兒確有長進，我當為他尋個更好的先生。」鄭芝龍心裏暗自思忖，忽然間想到了一個人。

鄭芝龍想到的是文壇泰斗、人稱「虞山先生」的錢謙益，此人號牧齋，是當世飽學之士，名震東南。他讀過的書不知有多少，下筆作文頃刻間洋洋萬言，論學問，堪稱獨步當世。

「森兒，虞山錢牧齋與我是故交，近來他在南京國子監講學，送你到他那裏去念書，你可願意？」鄭芝龍問兒子。

「父親，我願意！久聞錢牧齋先生的大名，如能跟隨他讀書，必有進益。」鄭成功喜道。

南京國子監，位於雞鳴山南麓，是名聞天下的學府，其前身可以追溯到三國東吳時的建業太學，在明太祖朱元璋的提倡下得以興盛，全盛時期有近萬名學子在此求學。

國子監設有學堂、宿舍、食堂、倉庫、水磨房、菜圃等，講學者皆為當世博學大儒。國子監的招生來源，一是民生，二是官生，民生是由府、州、縣學保送上來的「歲貢生員」，即普通人家的子弟；官生則是貴族勳臣子弟和部份外國留學生。鄭成功當屬官生。鄭芝龍還寫了親筆書信，由鄭成功轉致錢謙益。

鄭成功入學國子監時，已不見當年全盛時期的壯闊景象，而就在這一年（崇禎十七年；一六四四年）的春天，李自成攻破北京城，崇禎皇帝自縊，緊接著，清軍入關又趕走了李自成。

山河驚變。

錢謙益、馬士英等人在南京擁立福王朱由崧即位，是為弘光皇帝，欲效仿南宋舊事，進可恢復舊都，退可佔據長江天險，偏安一隅。

鄭成功在去往南京的路上就聽到傳言，說北兵即將南來。據說軍隊所過之處雞犬不寧，人人自危。這時節北方雖已刀兵滾滾，而江南卻仍是舊時風月，滿山花鳥雖嬌豔婉轉，卻也暗藏危機。

到了國子監，鄭成功便去拜見錢謙益。一路尋來，來到一間書齋旁，但見窗戶開著，一位老者正在臨窗讀書。老者六十上下的年紀，頭戴東坡巾，花白鬚髯垂在胸前，面瘦而目明，他手裏擎著一卷書，目光起起落落，頻頻點頭，不時停下思索，提筆在書上做標記，隨後又繼續讀下去。

他的身側擺放著白玉硯，硯中一汪黑墨閃閃發亮，筆架上掛著兩支毛筆，旁邊還有兩封寫好的書信。靠近窗口處，書堆疊成了山，搖搖欲墜，書頁中插著密密麻麻的紙條，紙條垂下，在風的吹拂下，這些紙條像一片草叢，隨風起伏，紙條上的字跡，也跟著來回飛動。

鄭成功心想：「這定是錢牧齋先生了，果然是宿儒的風度。」想到這裏，他來到門前，輕聲問道：「敢問可是錢牧齋先生？」

視窗中的老者聞言放下書卷，轉過頭來，望著外面，見門外立著一個年輕人，相貌堂堂，英俊而不失威儀，不由得暗暗歎道：「好相貌。」轉而道：「正是錢某，小兄弟如何稱呼，找我何事？」

「學生乃鄭芝龍之子，特來向先生求教，先生乃海內大儒，今願從先生學習，得遂所願。」說罷，鄭成功在門外叩首，錢謙益趕緊出門相攙，將鄭成功讓進了書齋。

錢謙益看了鄭芝龍的書信，摺疊起來後，再次放回信封，又看了鄭成功帶來的文章，僅翻了幾頁，便深為嘉許：「你的文章直陳時弊，大有澄清宇內之志。如今國事日非，縉紳之流卻醉生夢死，有目而不能見，有耳卻不能聞。你本是官宦子弟，卻有這般見識，實在難得。」

鄭成功侍立在側，聽到錢先生的稱讚，忙道：「先生過獎，學生實在愧不敢當。」

這時日已西移，窗櫺上的幾枚光斑從樹葉縫隙中透射過來，隨著風勢忽隱忽現。一隻黃鶯飛來，落在窗臺上，歪著腦袋向室內張望，牠的金黃毛羽在陽光裏燃成了一團火焰。鄭成功扭頭看牠時，牠騰地飛走了，窗臺上的積塵留下牠纖細的爪印。

錢謙益看到鄭成功文章上的署名「鄭森」二字，沉吟片刻，抬頭對鄭成功說道：「你名叫鄭森，妙極。森者，樹木叢生之貌也，大樹密集之處，才稱得上森，低矮者，只能算是野草之叢，難為樑柱。我給你起個字吧，就叫大木，大廈將傾兮，一木獨支，如今社稷崩壞，流賊破京師，先皇殉國，又有吳三桂引清兵入關，佔據京師，半壁江山落入敵手。天下擾攘，正是多事之秋，今幸福王已在南京即位。你雖年少，將來卻也要做這樣的大木，成為國家的棟樑之材。」

「大木，大木。」鄭成功嘴裏喃喃地念著，繞著几案走了一圈，不覺喜上眉梢，於是躬身施禮道：「真是個好字，可與『森』相呼應，又有先生的殷殷期冀，從今而後，森即大木，大木即森，多謝先生賜字。」

「如今有志之士，皆志在恢復北方，你當有志於此。」錢謙益拿出一函兵書，交與鄭成功，「這是我的好友茅元儀輯錄的歷代兵書之大成，名曰《武備志》，舉凡古今用兵之術，攻伐戰守之道，盡在此中，你可認真研讀，將來必有大用。」

「謹遵先生教誨。」鄭成功恭敬接過書函，感覺沉甸甸的，第一冊有茅元儀的自序，落款是「天啟辛酉夏日，茅元儀撰」，掐指一算，原來是二十三年前寫的。往後翻看時，見書中有陣法、兵刃及火器的圖形，心中暗喜，又看到「處承平之日，其孰能之」的句子，不禁感慨唏噓。

錢謙益對此言道：「連年征戰，生靈塗炭，當年太平無事的時候，哪知會有此大亂。前者我遊岳武穆祠，見有人題詩曰：『錢塘曾作帝王州，武穆遺墳在此丘。游月旌旗傷豹尾，重湖風雨隔髦頭。當年宮館連胡騎，此夜蒼茫接戍樓。海內如今傳戰鬥，田橫墓下益堪愁。』我愛這句子，辭采壯麗，不輸古人，便記誦下來，可為今日時局之鑑。」

「好一句『海內如今傳戰鬥』，當真痛切，不知是何人所寫？」鄭成功問。

「開始聽人說，是一書生遊岳武穆祠時的題壁之作，後來才知道，是一女子假扮書生所寫。這樣的女子，怎能不令人且敬且愧？」錢謙益道。

「著實令人敬佩！」鄭成功讚歎道。

師徒二人又談論了時局，研習了文章，不知不覺間，天已擦黑。窗外的森森古木，挺拔的身姿被窗口截成數段，但是它們的根部卻深扎於地下，樹梢早已伸向天空。

賜封國姓

弘光皇帝朱由崧在南京即位之後，無所作為，所任用者多是無能之輩，當時南京城有一則諺語：「都督多似狗，職方滿街走。相公只受錢，皇帝但吃酒。」清朝的豫親王多鐸揮師南下，攻揚州，破南京，兵部尚書史可法等人殉國，弘光帝被俘到北京，次年慘遭殺害，前後總共當了八個月的皇帝，儼然一場大夢。

令人意想不到的是，錢謙益率領弘光朝的眾大臣出城投降，跪倒在塵埃之中，不僅剃髮，還接受了清廷禮部侍郎的官職。

此時鄭成功身在閩中，聽說此事大吃了一驚，沒想到自己敬重的老師會降清。這時，鄭成功的父親也沒閒著，他在福州擁立了唐王朱聿鍵為南明第二位皇帝，是為隆武皇帝。鄭芝龍因擁立有功，被隆武帝封為平虜侯，掌握了軍政大權，不久又晉封為平國公。鄭芝龍的三弟鄭鴻逵也因擁立有功，被封為定西侯，不久又晉封為定國公。鄭芝龍的四弟鄭芝豹被封為澄濟伯，姪兒鄭彩被封為永勝伯，鄭氏一門皆官居極品。

日本的田川家聽說鄭芝龍如今已經飛黃騰達，便派人送其妻田川氏回到福建，一家人終於得以團聚。

清兵壓境之日，弘光帝身死，錢謙益出降，而鄭氏一門卻因擁立新帝而成為公侯之家，甚至還迎來一家人大團圓的喜事。

接連的大變，在鄭成功原本平靜的生活中掀起了巨大的波瀾，他不知該悲還是喜。在經歷劇變的最初幾天，他一直鬱鬱寡歡，而母親的到來，讓他喜出望外。喜悅之餘，思及前事，多有困惑不可解之處，尤其錢謙益的投降，令他備感痛苦。他北望南京，心想：「恩師為何鑄成如此大錯，這還是那個教我立志恢復大明河山的恩師嗎？」

相對於鄭成功的鬱鬱寡歡，他的父親鄭芝龍近來卻是人逢喜事精神爽。這一日，鄭芝龍找來鄭成功，「森兒，為父要帶你覲見皇上，也可使皇上知我鄭家有佳子弟，你可願意？」這是鄭芝龍有意給鄭成功做引薦，以作為將來進身之階。

鄭成功知道父親的心意，他早就聽說隆武帝有著諸多傳奇的經歷，也想親眼見見這位新皇帝，於是隨父親一同入朝。

此時的福州城，已改為「天興府」，寄託著「天興大明」的美好寓意。鄭家在福建經營多年，葉茂根深，小朝廷的軍政大權早已落入鄭芝龍兄弟的手中，鄭氏族中的子弟也都地位顯赫，不可一世，能保持常態的似乎只有鄭成功了。

隆武帝的皇宮設在原福建布政司衙門，稍顯僻陋。衙門前影壁上的獬豸浮雕因來不及更換，臨時用繡了金龍的紅布遮住了，屋頂的瓦片也換成琉璃瓦；路旁的樹木，包括石獅子的脖頸皆纏繞上黃綾子，兵卒手裏的刀戟上也裹了團團紅線，隨著身形的走動，晃出一團團紅光。

父子倆來到殿外，鄭芝龍先入殿見駕，鄭成功在門外等候。

此時驕陽高照，他站在簷下的陰影中，望著滿院熾烈燃燒的陽光，猶如一片火海，象徵帝王威儀的黃綾子也有些散開了；兵卒在烈日下垂著頭，汗水順著臉頰往下流淌。誰曾想，這新朝的氣象，竟然如此衰落。

鄭成功正在感慨之際，忽接到皇上宣召覲見的旨意。

鄭成功跨過門檻，進了大殿。這大殿原是布政司衙門的大堂，撤去了「肅靜」、「迴避」的衙牌，換上了金瓜武士，布政大人的公案也換成了金光閃閃的御座。皇帝身穿黃袍端坐其上，兩個宮女分列左右，各執一柄日月扇，長柄交叉，扇面上繡著金龍和海水。

大殿陳設雖然簡陋，倒也有堂堂威儀。鄭成功不敢抬頭直視，趨步上前，便叩拜下去，皇帝起身扶起了鄭成功。這時鄭成功抬起頭來，只見隆武帝頭戴金絲翼善冠，面如滿月，黑髯垂在胸前，身穿黃龍袍，似與自己的父親年齡相仿，約四十歲的年紀，頗有慈祥之氣，細看就能發現兩鬢的霜色。

鄭成功早就聽聞，這位隆武皇帝平生坎坷多難，自少年時便因家族內鬥而身陷囹圄，後來出獄，襲封王爵。在崇禎朝，他曾招兵買馬，起兵勤王，犯了「藩王不掌兵」的大忌，雖有戰功，卻仍被廢為庶人，囚禁在中都鳳陽，再度受牢獄之災，及至弘光帝登基才得以出獄，北兵來時曾四處奔走避難，戚戚惶惶，無有寧日。

如今唐王被鄭芝龍等人擁立為帝，前明舊臣多有指摘，認為其為旁支遠脈。作為明太祖朱元璋的第二十三子朱桱之後，他的登基也令諸多近支藩王不滿。在浙江紹興自封為「監國」的魯王朱以海，甚至派兵攻打朱聿鍵；清軍聽說殘明又立了一個皇帝，也調兵遣將，紛紛向福州聚攏。隆武帝就在這樣的環境中即位，可謂內憂外慮，艱難異常。

隆武帝有才略，是南明諸帝中罕見的賢者。鄭成功還聽聞，前者福州城中搜出兩百餘封通敵信件，原來是城中文武官員為了給自己留後路，與清朝暗通款曲。隆武帝拿到信件後，並不拆看，當即命人在殿前將信焚燒。

眾人不解其意，隆武帝說：「大兵壓境，諸君想保全妻小，乃人之常情，將這些書信燒掉，表示朕不疑諸位，願自今日起，君臣勠力同心，共同抗清。」有過通敵行為的官員大都面有愧色，其中不少人幡然悔悟，從此斷絕和清軍的聯繫。就連鄭芝龍也感慨：「皇上確有非常之胸襟。」鄭成功聽父親提起，也是嘖嘖稱奇。

短短的一瞬間，隆武帝也在觀察鄭成功，見他相貌奇偉，器宇軒昂，富有英氣，且又在少年，正是振翅騰飛之際，不禁大為喜愛。他拉著鄭成功的手，又拍著鄭成功的背，由衷說道：「真是大好男兒，一表人才，可惜的是，朕沒有女兒可以許配給你，實在可惜。」說罷，連連歎息。

鄭成功站在那兒，不知該如何是好。

「也罷，朕雖然沒有女兒許配給你，但也可稍補遺憾。」隆武帝說罷，當即傳旨，賜封鄭森為國姓，也即朱姓，賜名為「成功」，因此後來人們又稱之為「朱成功」，亦稱鄭成功。鄭成功被賜封為國姓之後，民間則多稱之為「國姓爺」。

隆武帝不僅賜予鄭成功國姓，還封他為忠孝伯、御營中軍都督，車駕儀仗等皆參照駙馬，還加封鄭成功為宗人府宗正，管理皇家宗室的事務，而這一職務往往是由皇親來擔任，看來，隆武帝是將鄭成功當駙馬一樣看待。

一連串的加封，鄭芝龍在旁暗自高興，鄭成功也大受感動。

謝恩之後，隆武帝上前把他攙扶起來，又對鄭成功說：「你應當為大明效力，切記、切記。」

鄭成功再向上叩首：「臣謹記，不敢稍忘。」

一六四六年二月，清軍征南將軍博洛率軍由浙江進入福建，鄭芝龍、鄭鴻逵及黃道周等隨同隆武帝移蹕延平，駐紮在延平府署。當時的隆武帝想進行與湖南相聯絡的「出汀入贛」戰略，並下詔親征，卻被鄭芝龍煽動延平數萬軍民呼號攔駕，未能成行。原來，鄭芝龍想的是「挾天子以令諸侯」，不想讓皇帝落入其他地方豪族之手，故而導演了這樣一齣戲。

隆武帝心知鄭芝龍欲挾持自己以增強實力，甚至有通敵納降之意。正在彷徨無計之時，鄭成功上了條陳，內侍呈進來，隆武帝打開摺子，眼前為之一亮，不由得微微頷首。條陳中列出了「據險控扼，揀將進取，航船合攻，通洋裕國」等條目，條目之下還有細則，都是因地制宜的可行之策。

隆武帝再三讀過，不禁感歎道：「鄭成功果然有韜略，見識之高低，原本不在年齒之長幼。」當即傳旨，命鄭成功以忠孝伯掛招討大將軍印征討清軍，這便是鄭成功涉足軍政之始。從那以後，鄭成功讀書求學的生涯中止了，迎接他的是金戈鐵馬與刀山箭雨的生活。

鄭成功覲見皇帝，君臣敘禮已畢，隆武帝賜座，鄭成功落座以後，見皇上滿面憂容，從御座上站起，隨後又坐下。鄭成功見狀，站起來問道：「陛下悶悶不樂，是不是因為我父親存有異心？」

隆武帝聞言，只是歎息，並未答言。這小小的延平縣衙，臨時充當行宮，清軍隨時可能攻臨，而他的身側卻是掌握兵權的權臣鄭芝龍，他貴為一國之君，反而人微言輕，形同傀儡，可謂落魄至極，古來落魄的皇帝，恐怕只有漢獻帝與之相仿。就在前幾天，眾臣上朝議事，因福建天氣炎熱，君臣皆流汗不止，鄭芝龍拿著摺扇搧來搧去，呼呼作響，全然未把皇帝放在眼裏。

戶部尚書何楷當即指責鄭芝龍無人臣之禮，隆武帝對此也無可奈何。

沒過幾天，何楷被匪徒割掉了一隻耳朵，據說是鄭芝龍暗指使人幹的，卻查無實據。

「無故傷我大臣，實在驕橫至極。」隆武帝想到這裏，焦躁如困獸。

鄭成功向上叩首道：「臣受陛下厚恩，當以死捍衛陛下，若我父親有異心，我自當捨孝而全忠，請陛下勿疑。」

隆武帝聽了，身子微微一震，在來回踱步中停下來，感歎道：「愛卿真算得上騂角。」意思是劣父生出了賢明的兒女。

說完，君臣二人相顧無言，殿內安靜下來，只聽得窗外風聲迴旋，吹得窗紙上的碎片撲棱棱作響，長久不得安寧。這惱人的雜音，正如這動盪不安的時局。

這時，門外突然傳來馬的嘶鳴聲，只見兵卒牽進一匹馬。

隆武帝一驚：「有兵卒牽馬來，莫非北兵又到了？」

鄭成功安慰說：「陛下莫要驚慌，北兵剛吃了敗仗，暫時已退卻，我軍正四處佈防，眼下很安全。」

隆武帝道：「那這馬匹是做何用？不是給朕準備的？」

鄭成功說：「不，這是臣的馬。此來是向陛下辭行，我的母親尚在安平鎮，前者她從日本來歸，因水土不服，近幾日臥病在床，微臣心中不安，想回去看望。」

隆武帝聽了，雙眉緊鎖：「眼下正是多事之秋，卿怎可捨朕而去，萬一有事，朕當依靠何人？」說罷，不禁落下淚來。

鄭成功見皇上傷感，也不由得落下了眼淚：「臣七歲辭別母親，獨自回國，一別十五年，前些日剛得團聚，哪知母親又身染重病，臣報效陛下的日子還長，只怕孝敬母親的日子卻已不多，因此敢向陛下告假。」

見鄭成功言辭懇切，隆武帝只得點頭應允。哪知道這一別，竟然會是永別。清軍南來，江南煙花之地，終將夷為焦土，身世飄零的皇帝，正如風雨中的浮萍，無處躲避。

父子分途

清軍集結兵力，準備再攻福建。

鄭芝龍聽說之後，謊稱有海寇攻打後方，帶兵匆匆撤離。

隆武帝無奈，只得遁入江西，想去湖南投奔湖廣總督何騰蛟，不想走到福建汀州時被清軍俘獲，隨後在獄內絕食而亡。

此時的鄭芝龍本想保存實力，繼續在閩粵一帶經營自己的海上帝國，這是商人逐利的本性。就在這時，清人拋來了橄欖枝，許他閩廣總督之位，而且為他鑄好了總督印信，就等鄭芝龍來降。

看到吳三桂、洪承疇等人投降後都加官晉爵、身居高位，改換門庭之後，照樣高官得坐，駿馬得騎，比原先還要得意，鄭芝龍居然心動了。

他想，只要能保住這海濱之地，管他是大明還是大清，鄭成功聽說父親有意歸降，急忙趕來，到了父親的書房，推門便入，早已顧不得什麼禮數。此時坐在太師椅上的鄭芝龍正看著一封書信怔怔出神，身旁鏤空的金爐中，龍涎香的青煙蜿蜒而出，凝成筆直的線條，源源不斷地向上攀升。鄭芝龍迷失在這溫熱的煙霧中，許久也沒有動一下。

鄭成功的闖入打破了室內的安靜，香爐上那道豎直的青煙也被鄭成功帶進來的氣流給擾亂了，煙柱節節斷裂，隨後化作粉末，煙霧彌漫，香氣四處流溢。父子近在咫尺，中間彷彿隔了一層薄霧，看不真切。

時年四十二歲的鄭芝龍，不再是當年橫行海上的那個少年了，他的眼角已經有了密集的皺紋，長髯垂在胸前，末梢深陷在衣紋深處。

見兒子進來，他吃了一驚，抬頭望著鄭成功：「森兒，何事驚慌，怎麼如此魯莽？」

鄭成功開口便道：「父親莫做糊塗事，閩粵是沿海之地，地勢起伏大，不像北方，騎兵難以隨意驅馳，如果我們以海外貿易的收入做支撐，選練士兵，收拾人心，或可扭轉局勢，何況虎不能離山，魚不能離水，為何要自投羅網，受他人擺佈？」

鄭芝龍拂袖而起，不置一言，桌上的書信露出一角，落款處正是已經投奔清人的洪承疇。

原來，這是洪承疇寫來的勸降信。

洪本是崇禎朝的薊遼總督，兵敗被俘後即投降清人。清軍入關後，洪便隨軍效力，用舊時的人脈，四處招撫明將。

洪承疇與鄭芝龍是同鄉，自然不會放過這個立功的機會，自從清軍攻破浙江以後，洪承疇的書信就像雪片般飛來，落到了鄭芝龍的案頭。

鄭成功掃了一眼，便知端的，說道：「皇上待父親不薄，我們背水一戰，恢復中原也未可知，閩粵總督之位，不過是緩兵之計，等到四方平定之時，豈會有所謂的獨立王國，想必洪承疇、吳三桂之輩，只不過因他們投降最早，清人許以高官厚祿，是給後來者看的，料想將來他們未必有好下場。天下蕩平之日，也就是兔死狗烹之日，到那時，恐怕父親就再也享用不到這龍涎香了。還望父親三思而後行，萬不可中計呀！」

鄭芝龍急轉過身，大聲喝道：「放肆！我是你父親。」

鄭成功自知失禮，忙退後兩步，躬身噤聲，不敢抬頭。

見兒子有所收斂，鄭芝龍也緩和下來。鄭成功低著頭看到父親的兩隻腳邁入了視線之內，忽然停下，雙腳向外張開，立在地上不動。

鄭芝龍開口道：「皇上捨我而去，去投奔何騰蛟，不知到了何處，如今他擢用文臣，時時想壓制我鄭氏一族，是人所共知的事情。現在我們又何必為了他背水一戰？當年為父從海上起家，最終投向大明，正是權宜之計，不想頗受禮遇，乃至掌管一省兵馬，兼有外洋事務，才有了這番家業，當時若與朝廷作對，哪裏會有今日？」

鄭芝龍頓了頓，接著說：「況且清廷許我閩粵總督，相當於劃地而治，有這三省濱海之地，可圖海外貿易，必將勝於往昔。」

鄭成功說：「請父親明鑑，正所謂此一時、彼一時也，當初大明四方憂患，自顧不暇，外有清人虎視眈眈，內有流寇作亂，因此無暇南顧，父親得以平定海疆，是為大明解了危難，父親擁兵不下二十萬，且不用朝廷軍餉，皆由我們自己供給，若在太平年月，朝廷豈能坐視不理？」

聽完這番話，鄭芝龍沉默半晌，竟無言以對。兒子的話句句在理，讓他無力反駁。鄭家的崛起，確實是在亂世趁著四方擾攘、朝廷自顧不暇之際，才在東南一隅變得樹大根深，若在太平時，恐怕朝廷早來裁撤他了。

鄭芝龍終於開口：「鄭家的莊園田產遍佈閩粵，共有兩百多處，為父怎忍心捨棄？如今我去投誠，且看那邊待我如何，若得優待，家業得以保全，再來召森兒一道前往。」

「萬萬不可！父親勿以家產為羈絆，身外之物，如何能壞大局？」鄭成功泣道，鄭芝龍卻再次背過身去，只看著窗外的一叢花樹，不再答話。

窗外是一株石楠，開滿了白花，耀人眼目，當真是繁華盛極。有人只顧貪看這眼前的繁華，卻不知花期有限，最興旺之時，也是衰敗的開始，過不多久便會凋零，聰穎如鄭芝龍，不是不知這番道理，他心中所想的，卻是要強行挽留住一樹繁華，雖明知不可為，也要拚力一試。

鄭成功見勸說無效，只得暫且告退。剛出了書房，便跟叔父鄭鴻逵撞了個滿懷。

「賢姪何事驚慌？」鄭鴻逵站定問。

「叔父！」鄭成功上前抓住叔父的胳膊：「叔父，父親不聽我勸告，執意要去投降清廷，恐怕是個圈套，父親如果一去，我家從此怕是要敗落了，求叔父前去規勸。」

鄭鴻逵點點頭，對姪兒的話深為讚許：「我此來的目的，也正是想規勸兄長。」說罷，推門而入，直言道：「兄長已經位極人臣，手握雄兵數十萬，海上舳艫千里，只要兄長振臂一呼，天下必然回應，為何要去投靠清廷，仰人鼻息度日？」

鄭芝龍道：「天下大勢已經不可逆轉，清人已經得了天下的三分之二，若此時歸順，彼許我做閩粵之主，到那時，我鄭家基業仍在，你我兄弟仍然共用富貴，既可明哲保身，又可福蔭子孫萬代。」

鄭鴻逵一番勸說無效，只得起身告辭。出得門來，見鄭成功還在窗外等候，便道：「你都聽到了？」

鄭成功點點頭：「都聽到了，父親執意要這麼做，看來我們要早做準備，以防有變。」

鄭鴻逵在地上跺了一腳，憤然離去。

兩天後，鄭芝龍帶著家眷和親隨五百人去投降清廷。鄭芝龍哪知，清人不像大明那樣重用他，等待他的卻是刀俎和羅網。

這天早上，鄭成功聽說父親要帶人出城，撲過來拉住父親的馬頭，卻被鄭芝龍揮鞭撥開，看來，鄭芝龍是鐵了心要歸順清人。鄭成功坐在大道中央，以手拍地，高叫：「可惜！可惜！」

鄭芝龍似乎並沒有聽到，一行人催動車馬，掀起連天塵埃。鄭成功眼睜睜地看著父親的背影遠去，他不敢相信，這還是當初那個疼愛他的父親嗎？父親的青年時代，經營四方，威震海上，不想有了家業，卻畏手畏腳起來，竟然有些糊塗了。

這一次分別後，父子二人再也沒能見面，又是一場永訣。

鄭芝龍來到清軍大營後，清朝征南大將軍博洛表面上盛情款待鄭芝龍，背地裏卻對手下說：「鄭芝龍也是一方豪傑，狡黠而有智略，如今他來歸降，只帶親隨家眷，不帶大隊人馬，這是有觀望試探之意，若放他回去，恐怕再生變故，該如何是好？」

博洛的副將近前來施禮：「末將有一計，他在福建的大隊人馬群龍無首，不如挾持鄭芝龍北上，讓他發號施令，勸降舊部。如此，就可讓他們不戰而降。」

於是，博洛假意安撫鄭芝龍，半夜卻突然下令拔營起寨，連夜回北京。博洛心中打著如意算盤，帶回鄭芝龍便是大功一件，東南半壁的屏障已經形同虛設，他卻不知道鄭芝龍還有個勇猛的兒子鄭成功，正在磨刀霍霍，準備復仇。

鄭芝龍在睡夢中被清兵叫醒，命他穿衣啟程，他揉著睡眼，不知發生了什麼事情。清兵前來推搡，鄭芝龍剛穿上一隻袖子，另一隻袖子還在半空中虛晃，一推之下，不禁後退幾步，險些倒在地上。

「不得無禮！」

有一人趕到，原來是全身戎裝的博洛。

他進門來向鄭芝龍拱了拱手：「驚擾先生清夢了，因有緊急軍務，須連夜拔營起寨，兵卒無禮，還望先生海涵。」

說完，博洛望著那個兵卒，呵斥道：「還不退下！」

兵卒躬身施禮，隨後退在一邊，緊盯著鄭芝龍，博洛再次拱了拱手，出了營門，隨即四下人喊馬嘶，原本寂靜的夜晚頓時亂作一團。

鄭芝龍上馬後，家眷也早被叫醒，一行人在夜裏趕路，他們的前後左右都是清軍，望不到邊際，耳聽得馬蹄嘈雜，身後女眷啼哭，哭聲、馬蹄聲，此起彼伏，更為此行增添了幾分哀戚。

鄭芝龍帶來的五百隨從也早被收了兵刃，被分散清軍之中，這五百多人的隊伍進了清軍大營，彷彿水珠淹沒在大海之中，蹤跡難尋。

深夜的星空光華燦爛，鄭芝龍抬頭觀看，卻尋不見月亮。當初他在海上，就是在同樣的星空下辨別方位，指揮作戰，如今，他腳下不再是熟悉的甲板、起伏的波濤，而是綿延無盡的山巒和叢林，還有偶爾出現的農田茅舍，來到了內陸，他的本領無處施展。

就這樣，鄭芝龍剛到清營，還沒等睡個完整的好覺，便徹底失去了自由。一路上，博洛表面上禮數周全，卻暗藏殺機，一到北京，鄭芝龍就遭到了軟禁。這時他想起兒子的話，只有悔恨而已。

怎奈後悔已經晚了，清廷正要以鄭芝龍為誘餌，來釣東南半壁江山這條大魚。聽說鄭芝龍在北京遭到軟禁，本想一起去投降的鄭家舊部全都生出了警惕之心，不願自投羅網。這正是博洛的失策之處。

拒不降清的鄭成功自從父親決意降清之後就開始暗中活動，積極聯絡父親的舊部。叔父鄭鴻逵不願隨兄歸降，率部去了金門，原本就主戰的那些人更是群情激憤。

鄭芝龍一走，群龍無首之際，人們都將目光投向了鄭成功，希望他能出來主持大局。閩中暗流湧動，在眾人的焦慮與期待中，鄭成功即將浮出水面。

焚燒儒服

鄭芝龍不知道，在被博洛挾持北上的同時，博洛派人突襲安平鎮，鄭芝龍的弟弟鄭芝豹棄了大宅，帶著金銀細軟和家眷去海上避難，鄭成功的母親田川氏留在城中不願離開，清軍來時，不畏強暴，毅然拔劍自盡。

身在延平的鄭成功聞報痛徹心肝，急忙趕往安平鎮。

清軍一場洗劫之後即撤軍，留下一堆殘垣斷壁。戰火之後，道旁被燒禿的樹木兀自冒著青煙，一個傷重的農人靠著樹幹低聲呻吟，一條黃犬從遠處慌慌張張地跑來，躲避地上流溢的餘火，顯得不知所措。

鄭成功顧不得這些，他拚命往鄭家的大宅跑去。

往日夢幻般的城堡變成了瓦礫的廢墟。在遍地死屍中，鄭成功找到了母親的屍骸，撲上去痛哭失聲，幾度昏厥。最後，他甩開隨從的胳膊，搖晃著站起來，指天立誓說：「我父已經投降，清軍卻又襲擊安平，真是虎狼之心，我定決戰到底！」

母親的死，讓鄭成功從一個翩翩佳公子，變成一個統兵征戰的將軍。

他安葬了母親，從安平鎮回來的路上，心中已有了打算。

這一天鄭成功推開兩扇朱漆大門，徑直來到孔廟正殿前，只見孔子的塑像居於大殿正中，塑像之前擺著「大成至聖先師之位」的牌位。孔子濃眉長髯，兩掌疊放，左手在外，右手在內，這是一種失傳了的古代禮節，但塑像上面蛛網密佈，像是給夫子裹了一層白紗。

鄭成功走到近前，用手撲打蛛網，一時間蜘蛛滾落，紛紛逃逸。

鄭成功嘆道：「堂堂孔廟竟然破敗到這般地步。孔夫子當年也是生逢亂世，周遊列國而不見用，彷徨無計可施，可見亂世之中，儒學是難以廓清天下的。」

從正殿出來，門前有一片開闊地，旁有魁星閣，裏面供奉著魁星神像。魁星是主管文運之神，天下的舉子都希望一舉奪魁，高登龍門，因此都要祭拜魁星。

魁星閣裏還豎著一通石碑，碑的正面是用細線刻出的魁星肖像。那是一個單腳站在鰲魚頭上的怪神，周圍是波浪翻滾的大海，正所謂「獨佔鰲頭」是也。魁星形如鬼魅，手裏拿著筆，據說，被他的筆點中的人便會高中；在魁星的頭上，北斗七星的光芒閃耀，將那一方神祕的世界照亮。

當初入縣學之時，鄭成功也和眾學生一起在縣學教諭的帶領下來到魁星閣下，向魁星的畫像施禮，教諭拈香設拜，眾學生跟著照做。只是當初在他們上方的魁星顯得陰森可怖，向著眾人投來審視的目光，寒芒從每個人的臉上掃過，如今再看這魁星，鄭成功卻覺得有些滑稽。天下舉子也真是志短，一心汲汲於科考，將命運交付於這個怪物，豈不荒謬。想到這裏，他搖搖頭，打胸口發出一聲短促的嘆息。

魁星閣門外有兩株大松樹，自上而下垂著扭曲的枝杈，墨綠色的針葉似乎也凝結了一層濃重的悲憤，愁雲重重如蓋，罩住了孔廟上面的方形天空。陽光在松針之間落下，灑下一些尖銳的光斑，在地上忽聚忽散。

鄭成功看得有些出神。

孔夫子和魁星，原本是兩種身分和形象，卻與孔廟比鄰而居。孔子溫文爾雅，魁星猙獰可怖，孔子在四海之內勸學佈道，魁星在海上獨佔鰲頭。鄭成功心想：「生逢亂世，孔夫子無濟於事，如今恐怕只能效法這魁星，去海上獨佔鰲頭了。」

鄭成功在松樹下站定，環顧四周，見高牆之上已經生出了野草，在風中左右搖曳，想必是風把種子帶上去的。腳下的石板路被行人摩得鋥亮，連石板的縫隙中也嵌滿了野草。自從北方起了刀兵，閩中人人自危，縣學裏的學生也都各自散去，四處避禍，如此一來，孔廟的破敗，就在所難免了。

當年，鄭成功入南安縣學，並成為南安縣學的二十位廩膳生之一，在孔廟拜孔子時，眾生魚貫而入領取儒服的景象歷歷在目，短短幾年時間卻風雲突變，天地翻覆。

他轉回身來，對眾隨從說道：「昔年我入縣學，戴儒冠，穿儒服，讀聖賢書，如今天下大亂，國破家亡，隨便一件兵刃，都可將這儒服刺穿，隨便一雙皮靴，都可將這儒冠踏碎，儒生手無寸鐵，當如何自處？」

孔廟中悄無聲息，隨行的眾人不知該如何回答。松樹深處有雀探出頭來，朝眾人張望，卻不敢出聲。就聽鄭成功接著說道：「刀已經懸在頭頂，隨時都會砍落下來；劍已經橫在脖頸，隨時都會斬殺過來，我要這儒服還有何用？快拿出來吧！」

在鄭成功身側，一名隨從早有準備，聽到鄭成功的吩咐，嘴裏應了一聲「是！」，隨後捧出一個紅木托盤，上面擺著一件疊得整整齊齊的青布儒服，儒服上面擺放著一頂儒冠，這正是鄭成功當年讀書時穿戴的衣冠。

隨從將托盤高高舉起，衣冠懸在半空中。

鄭成功抬手摸了摸儒服，棉布的紋絡蒼老而溫厚，領口處已微微泛白。穿戴多年的舊物早已暗淡無光，兵火四起，當初的同學少年音訊全無，生死未卜。

看了多時，他終於放下手來，把托盤往外推了推，隨從會意，托著儒服和儒冠，倒退到濃綠的松樹下面。

鄭成功面對眾人，朗聲說道：「諸位，記得唐人杜甫有詩曰：『紈袴不餓死，儒冠多誤身。』我生在富貴之家，從未憂慮過生計，若逢太平盛世，或許會鐘鳴鼎食，虛度一生。王荊公詩云：『願為五陵輕薄兒，生在貞觀開元時。鬥雞走馬過一生，天地安危兩不知。』可如今皇上已崩，父親被囚，母親身死，教我以忠義的恩師也已開城投降，這天地安危，豈可不知？眼下風雲突變，國破家亡，就在轉瞬之間，怎能不令人驚駭？」

眾人聽了，面面相覷，各自點頭稱是。鄭成功說：「國破家亡者，又何止我一人？」

他望著眾人，在人群中看見了部將甘輝，便問道：「甘將軍，你家中如何？」

甘輝泣道：「老父在亂軍中受驚而死，幼子被殺。」

聽甘輝這麼一說，觸動了眾人的心事，諸將皆是劫後餘生，無不咬牙切齒，更有頓足捶胸者，想到清兵的殺戮，眾人無不激憤。

鄭成功接著說：「諸位，外不能抵禦強敵，內不能保全家小，正所謂百無一用是書生，我今日要在先師孔子的面前，將這儒服燒掉，以此明志。從今以後，專事刀兵，誓報國仇家恨，待到太平之日，再重拾書冊，也不為遲晚。」

在先師孔子像前，鄭成功燃起三炷香，三股青煙頓時從香頭竄出，煙塵四溢。鄭成功朝上拜了三拜，將香插到香爐之中，命左右取了筆墨，坐在大殿一側的石桌旁，在黃紙上揮筆寫道：「昔為孺子，今為孤臣，向背去留，各行其是。僅謝儒衣，祈先師昭鑑。」寫罷，擲了筆，雙手捧起黃紙。

黃紙上的墨跡還未乾，鄭成功便命人拿去與儒服儒冠一起焚燒，表明與過去做個了斷。

鄭成功心中念道：「孔夫子在上，弟子遭逢國破家亡，不能任人宰割，古有班超投筆從戎，從此以後我不再穿戴儒生的衣冠了，倘若天遂人願，能夠恢復中原，我定再穿舊時儒服。」

火苗燃起的那一刻，儒服的棉布立刻扭曲、變形，經歷著劇痛，在火中掙扎，袖子先是隆起，而後又塌陷，彷彿一具力氣耗盡的軀殼，內中藏著的是舊日的精魂。

鄭成功見了，竟覺得有劇痛從那儒服上傳來，熊熊烈火的灼熱與炙烤，彷彿燒在自己身上。

出奇的是，黃紙上的字跡墨尚未乾，字跡雄勁，隱藏其中的悲憤之情盤旋纏繞，久久不能焚化，人們看到那些字在火苗中上下飛舞，暗自心驚。它們仍保持著字形，在蒸騰的熱流中飛上了天空。眾人抬起頭，望著那些殘破的筆畫飛走。

再看鄭成功的臉上，有火光在跳躍，瞳孔裏映照出兩團火焰。那火焰正在祕密傳遞，轉眼間，跟隨鄭成功的二十餘人眼中都燃起了熊熊火焰，那不斷升騰的火焰，分明是胸中的怒火，最終連成了一片。

焚了儒服，鄭成功長揖而去。

走出孔廟，回頭觀看，孔廟的簷角揚起，嵌入了天空，鋒利的陰影觸目驚心。鄭成功抬手指著那些餘煙對眾人說道：「那就是過去的我，已經不復存在。」

在南安縣文廟的魁星閣旁今有紀念碑，上書「鄭成功焚青衣處」七個大字。一株歷經三百餘年歲月的古松，是當年鄭成功焚燒儒服的親歷者，它曾經目睹了那個場面，至今仍枝繁葉茂，而那指天立誓的年輕人已經消失在歷史的長河之中，空留一段遺恨，惹人追憶。

從孔廟出來，鄭成功像是換了一個人，彷彿魁星附體，他帶著眾人打馬疾奔，徑直趕往南澳。

這裏曾是鄭芝龍的一處大本營，鄭成功在南澳收羅舊部，又得到了張進、洪旭等父親舊將的支持，眾將一致推舉鄭成功為主帥，並隨他一起下海抗清。

在海上，不願投降清人的鄭家舊部紛紛來歸，大明的遺臣以及沿海的抗清力量也聚集到了鄭成功的麾下，不久即有近十萬之眾，鄭成功繼續招兵買馬，舉起了抗清的大旗。

誓不降清

鄭成功起兵之後，先在南澳徵兵，隨後至廈門，與部眾籌劃抗清。不久又聯合了鄭彩、楊耿等父親舊部，一舉攻破了海澄、九都等地，一路勢如破竹。

恰在這時，鄭成功的叔父鄭鴻逵前來支援，他對鄭成功說：「安平地僻，無險可守，陸戰極為不利，出海則易，不如我出兵幫你攻打泉州。」

鄭成功深以為然，於是叔姪合兵一處，攻打泉州。

泉州城池高峻，城中早有防備，鄭成功叔姪急切之下未能攻克，於是退兵，積草屯糧，準備再度出征。

一六四八年十月，鄭成功在海上頒佈《大統曆》，仍尊奉隆武帝朱聿鍵的年號為正朔，定該年為隆武四年，因在海上消息難通，此時鄭成功還不知道，桂王朱由榔在廣西肇慶即位，是為永曆帝，因此這一年又稱為永曆元年。這一年，鄭成功兵鋒甚盛，所過之處，江南士人紛紛響應，南方局勢為之一新。這時，清廷命鄭芝龍寫書信勸降兒子，鄭成功見了書信，便道：「我聽說父親教兒子做人的道理，從來只是教兒子做忠臣，卻沒聽說一個父親會教兒子做貳臣。如果父親在北方遭遇不測，身為人子的只能披麻戴孝而已。」

面對鄭成功的回覆，鄭芝龍也無可奈何。他對身邊的人說：「看來東南一帶局勢不明，森兒不會輕易放手的。」過了一陣子，鄭芝龍又說：「他不降也好，降了也是和我一樣，在北地坐井觀天而已。」

知子莫若父，以鄭成功的性格當然不會放手。此間鄭成功又整頓兵馬，在海澄、漳州兩地連敗清軍，將閩廣控制在自己手中，清軍難以染指，便又想到了招降。

鄭芝龍在幽禁之中，再次得到清廷的命令，讓他的親信李德帶著書信去見鄭成功，要求鄭成功投降，如他一時不願降，可先將魯王朱以海交出來。

這位魯王封地本在山東兗州，父親死後，兩位弟弟也同時殉難，兩年後朱以海嗣位魯王。一個月後，李自成攻佔北京，計畫兵發山東，於是朱以海逃到浙江台州，曾在紹興被擁立為監國，雖未稱帝，但攝行皇帝之事，與在福州的隆武帝朱聿鍵分庭抗禮，互不相讓，於是閩、浙便各出現了一個政權。浙東被清軍攻佔，朱以海敗走舟山群島，被清軍追上後，再逃至金門依附鄭成功。此時，鄭成功仍尊隆武帝朱聿鍵為正朔，魯王朱以海愧於兵敗，自己取消了監國稱號。

鄭成功看到父親來信要讓他獻出魯王，知道是清廷的意思，清軍入關以後，順治皇帝登基，因其年幼，由攝政王多爾袞總攬朝政。

鄭成功心想：「清廷有個小皇帝，還是個乳臭未乾的娃娃，想必這又是多爾袞的奸計。」於是把魯王藏了起來，謊稱魯王並不在此地。

李德無功而返，清廷見計策不成，沒過多久又派李德和另外兩名使臣帶著封給鄭成功的「海澄公」大印，以及清廷浙閩總督劉清泰的親筆書信前來勸降。鄭成功撕開信封，抖出信紙，見信上寫道：「如今天下大勢已定，足下何不順天應人，前來歸順？近來四川、湖北一帶捷報頻傳，兩廣也已歸順，足下偏據海角一隅，縱然有戰船為憑藉，卻難有分茅裂土之實，如能幡然悔悟，便足以安慰令尊的思念之情，且能封爵，位列公卿，封妻蔭子，豈不美哉？」

鄭成功看了書信，只是冷笑，然後將印信原樣退回，接著興兵騷擾福興泉漳四郡，以絕清廷招安之心。

半年以後，雙方相持之下，鄭成功一舉攻破了漳州長泰縣，大敗清將陳錦，之後又在海澄趁著清軍渡河之際，用火攻的方式大破清軍。清軍接連遭遇兩次大敗，一時無力再戰，鄭成功這邊也是人困馬乏，清廷趁機派來了使者前來議和，雙方休戰。

這次來的使者與之前略有不同，有內院學士葉成格、理事官阿山。和他倆一起來的還有鄭成功同父異母的弟弟鄭渡。此行以「議和」為名，表示清廷願意將漳州、泉州、潮州、惠州割讓給鄭成功，雙方休戰。

與此同時，清廷封鄭芝龍為同安侯，鄭成功聽說以後對眾將說：「這又是清廷籠絡人心的小技，簡直如同兒戲。」

使臣到來之前，鄭渡作為前驅，先行一步來與鄭成功相見。兄弟相見，百感交集。

鄭渡開口便道：「大哥，你就歸順了吧，清廷對父親不薄，剛封了父親做同安侯，在北京受到厚待，享受榮華富貴，所遺憾者，便是兄長在此，不能團聚，現有父親書信在此，請大哥過目。」

鄭成功道：「父親不聽我的勸告，如今得個空頭侯爺，有甚可喜之處？無非因為我還沒有投降。若待我投降之日，恐怕就是全家引頸就戮之日。如今我有帶甲兵士幾十萬，若要勸降，且問問他們答不答應。」

鄭渡聽了，一時語塞，不知該如何是好，只得將父親的書信遞上。

鄭成功拿過書信看了一眼，言道：「恕難從命，如今我早就以身許國，父親的命令，我是難以答應了。」

鄭渡聽了，跪下泣道：「父親如今身在虎口，若兄長不降，父親恐遭不測。」

鄭成功攙起弟弟，反問道：「賢弟方才不是說父親在北京享受榮華富貴嗎，怎麼轉眼間又說身在虎口，豈不是自相矛盾？」

「這……」鄭渡一時語塞，不知該如何回答。

鄭成功心中惱怒，面上已微微泛白，卻未置一詞，只是在心裏默默道：「吾弟實在愚鈍，居然為仇敵說話，來做說客，看來這個弟弟，今後也形同陌路了。」

隨後，兩個使臣來到，在旗羅傘蓋之下，氣焰甚是倨傲，手拿著詔書，口稱敕命，鼻息之中簡直要噴出虹霓。鄭成功見狀，抬手要拿詔書，使臣嚴詞拒絕說：「此為皇上的敕命，絕非尋常書信，若能剃髮歸降，才可跪接詔書。」

鄭成功用手點指使臣，叱道：「真是無稽之談，貴使明明是來議和，怎成了招降？」兩個使臣見狀，也不答言，向後一揮手，眾隨從調轉馬頭，一行人帶著鄭渡回了泉州。

鄭成功用銀槍指著使臣遠去的塵埃，笑著對眾將說道：「忽焉而來，忽焉而去，可知其意，真拿我當三歲孩童了，顯然是緩兵之計，趁機修整兵馬再戰。他們回到泉州，滯留不去，無非想看我的虛實罷了。」

回到營中，鄭成功命左右取來筆墨，致信父親鄭芝龍，書信中大意說：「兒先前不敢與父親通書信，恐相連累，今日便藉書信聊表心志。先前使者來招降，帶了海澄公的大印和信，近來使者來議和，許諾割讓泉州等四郡，卻是畫餅之技，想效仿當初騙取父親的舊計，兒今日已經名聞四海，豈能做苟且之事，貽笑於天下。父親已經落入清人的圈套中，能保全至今，實在是幸事，若遭遇不測，兒只有起兵為父親報仇，別無他願。」

寫罷，鄭成功命人將信封了，送給泉州二使臣。

二使臣接了信，回京覆命。

清廷見信大怒，決定將鄭芝龍圈禁在高牆之內，將鄭芝龍的弟弟鄭芝豹流放到東北的寧古塔。

果不出鄭成功所料，鄭氏族人的凋零，即將拉開帷幕。

浙閩總督劉清泰不死心，又寄來書信，勸道：「足下佔據海角，舞動兵戈，乃至忠孝不能全，令人深以為憾，足下在波濤之中，自以為功名富貴便可唾手而得嗎？如今大軍已經壓境，而我還是力主招撫，不然大軍一過，草芥不存，悔之晚矣，望足下三思！」

鄭成功收到信，輕蔑地笑道：「我知劉清泰其人，祖籍遼陽，本是漢人，卻歸附清人，被編入正紅旗，跟隨清軍入關，不以為恥，反以為榮，接二連三在此聒噪，真是俗不可耐，還用大軍壓境來嚇唬我，真是小瞧了我。」

部將陳輝答道：「這狗官巴不得立一大功，以為鼓動唇舌，就可不戰而屈人之兵，真是癡心妄想，他自己滿腦子的功名富貴，卻道別人也和他存一樣的心思，真是井蛙之見也，大可不予理睬。」

鄭成功聽了，深以為然，便置之不理，劉清泰的如意算盤也落空了。

清廷屢次招攬鄭成功不成，不禁惱羞成怒，命鄭親王的世子濟度為大將軍，來攻鄭成功。鄭成功召集諸將議事，謀士馮澄世說：「北兵擅長弓馬，此番大舉而來，又是一路取勝，銳氣正勁，不可與之正面交鋒。我軍長處在於水戰，不如退守廈門，堅守各島，以我之長，攻彼之短，在海上一決高下，北兵都是旱鴨子，必定不如我軍。」

「此計甚妙，我軍堅壁清野，據守海上，看清軍能奈我何。」鄭成功說。

於是鄭成功回兵廈門，果然如馮澄世所料，北兵洶湧而來，鄭成功遷走百姓和財物，依仗海島的地利以及樓船大砲對抗清兵。清兵習慣了陸地作戰，到了水上，即便沒有波浪，也覺得眩暈，當他們來到海邊，見海上桅檣如林，戰船的陣列覆蓋住海面，一靠近就有火砲射出，束手無策，最終無功而返。

自此以後，清廷知道鄭成功有意抵抗到底，便斷了招撫的念頭，不再談招降之事，轉而致力於攻打，經過幾次交戰，雙方互有勝負，福建成為清廷最難啃的一塊骨頭。永曆帝聽說鄭成功不遵父命，堅持抗清，也派人與鄭成功取得聯繫，並封鄭成功為威遠侯，不久又晉封為漳國公。

清廷見用鄭芝龍難以招降鄭成功，便將鄭芝龍下獄，幾年後鄭芝龍遭到殺害，一代海上霸主，就此黯然收場。

揚威瓜鎮

鄭成功以一己之力，托起了東南半壁，時人稱之為「東南柱石」。在與清軍的交戰中，清軍弓馬嫻熟，善於陸地野戰，而鄭成功有著強大的船隊，善於水戰，雙方戰局一度陷入僵持。

當此之際，鄭成功遣人去尋永曆帝。此時永曆帝已逃入雲南，得到鄭成功的消息後，感歎其忠勇，便加封鄭成功為延平郡王，因此後人又稱鄭成功為「鄭延平」。為捉拿永曆帝，清軍大舉進攻雲南，鄭成功決定第三次北伐，遙相牽制，以緩解雲南的壓力，同時也可收復失地。

在此之前，鄭成功還有過兩次北伐，第一次北伐攻下了台州等地，清軍聽說鄭成功北上，便用圍魏救趙之計，去攻打福建，鄭成功擔心後方失陷，只得揚帆回師。第二次北伐，卻是受阻於天災，鄭成功的船隊在海上遇到了颱風，船隊受到重創，溺水而死者八千多人，其中還有鄭成功的三個兒子，鄭成功無奈，只得退回廈門休養生息。

在經過休整之後，鄭成功決定進行第三次北伐，計畫水陸並進，以船隊為依託，北上攻取沿海州郡，進而攻佔南京。南京曾是明太祖定都之處，江南地區的百姓仍心念大明，若能佔領南京，各地搖擺不定的軍閥也會紛紛來投，長江以南的地區便可不戰而勝。

為了北伐，鄭成功還頒佈了幾條禁令：「不准姦淫、擄掠婦女，不許擅毀民房，不准擄掠男子為夥兵（防奸細投毒），沿海歸順地方不准混搶，不許擄掠、宰殺耕牛，不許借坐給牌商船。」兵士凡違犯禁令者立即梟首示眾，其所屬的將領也要一同治罪。禁令一下，人人警省，大軍所過之處紀律嚴明，秋毫無犯，百姓聽聞鄭成功到來，簞食壺漿相迎，他們久受清兵欺侮，日夜盼望著明軍打回來，收復失地。

永曆十二年（清順治十五年；一六五八年）七月，鄭成功與魯王舊臣張煌言合兵一處，軍威大震，手下帶甲將士共計十七萬，水陸騎射之兵俱全，尤以水戰為優長。在練兵時，鄭成功還特意選拔出一批膂力過人的士兵，他們個個能舉五百斤，堪稱大力士，鄭成功命他們穿上特製的堅硬鐵鎧，渾身上下只露出兩隻眼，其他部位都在鐵鎧的覆蓋之中，鐵鎧外面繪製紅綠紋飾，扮作鬼神之形，顯得猙獰可怖。他們身穿鐵鎧，手拿大刀，號稱「鐵人」，在陣前專門負責砍殺清軍騎兵的馬腿，成為鄭成功軍中一種獨特的存在，敵人見了，不明就裏，還以為是神兵天降。

鄭成功指揮水師沿長江北上，舳艫千里，旌旗蔽日。清軍聽說鄭成功有意沿長江進軍，已有了防備，在江上設好了防禦工事，名曰「木浮城」，即聯結大木為巨筏，筏上鋪了土，可以跑馬，大筏兩側還安有木柵欄，內中藏了兵士，設了大砲，儼然一座移動的城堡。木浮城順流而下，橫衝直撞，能將戰船撞毀，火砲還可助力攻擊，煞是厲害。

此外，清軍還在金山和焦山之間橫了鐵索，鐵索兩端釘在山石上，凌空而過，鐵索鋪在江上，高出江面，號稱「滾江龍」，船不得過。這條鐵索儼然水上長城，為的是鎖住江面，阻擋鄭成功的大船進入。

鄭成功在船上探望清軍在江面上的佈防，突然前方有哨船回來報信，說到木浮城和滾江龍的佈防情形，鄭成功對眾將說：「前方是瓜州和鎮江，堪稱南京的門戶，清兵在這裏設防，更見瓜州和鎮江的重要，我們當衝破江面封鎖，揮師直進。」

眾將中有人言道：「這木浮城和滾江龍煞是厲害，不可硬碰，該如何破解？」

鄭成功笑道：「很簡單的事情，我們選出善於泅水的士兵，潛下江，砍斷鐵索，滾江龍可破。至於那木浮城，一團爛木而已，只是筏上有大砲，只要能誘其發砲，待其砲火將盡之時，我們再從側面突進，清兵的木浮城自然潰敗。」

清軍出兵一萬，在江上迎擊鄭成功。當鄭成功的船隊迎面逼近時，木浮城上的清軍馬上開砲轟擊，鄭軍的船隨即向後退卻，保持在清軍火砲的射程之外，使砲彈都落了空。稍做停頓後，鄭軍又向前進發，清軍再度發砲轟擊，鄭軍再次後退。如此反覆數次，雙方來回拉鋸，鄭軍竟毫髮無傷。

鄭軍的戰法令清軍大為困惑，不知鄭成功船隊的意圖。就在清軍遲疑不定之時，橫在江面上的鐵索忽然從中間斷開，只聽得嘩啦啦一聲巨響，鐵索頓時斷為兩截，沉到了江底，江心甚至一時出現了急促的旋渦。

滾江龍不復存在，江上的通道豁然打開。原來鄭軍船隊到達鐵鎖附近時，在船尾暗中放下善於泅水的士兵，潛到鐵索在江面中間最低的部位，在水面之下鋸斷了鐵索。

清軍的大砲早已消耗殆盡，鐵索一斷，鄭軍發動猛攻，但見樓船巍峨，遮天蔽日而來，船頭繪製的獸頭眼中露出凶光，噴吐著血舌，令人膽寒。清軍木浮城上的彈藥已經耗盡，又被鄭軍射出的火箭點燃，起了大火。木浮城上的清兵見大勢已去，全部跳水逃生，鄭軍則用弓箭和長矛刺殺，江面頓時泛起了血水，清兵死傷無數，木浮城上的殘木也被鄭軍用鉤竿鉤起，拿到船上做柴火。

鄭成功站在船頭，他伸出右手，侍從遞過來一支單筒望遠鏡，他拉伸鏡筒，遠處的戰鬥如在眼前。圓形的視野之內，皆是清兵拚力抵抗的場景。

看了多時，鄭成功放下望遠鏡，拿過令旗，向前一揮，頓時人人向前，清軍開始節節敗退，在火砲的助力下，鄭軍一舉攻克沿江的瓜州，兵鋒直逼鎮江。

鎮江守將自知不敵，趕緊向南京求援。兩江總督郎廷佐得報吃了一驚。鎮江是南京的門戶，瓜州已丟，若再丟了鎮江，南京就直接暴露在鄭軍的眼前了，於是趕忙發去救兵，屯於江北，與鄭成功隔江相望。

鄭成功見援軍到來，故意避其鋒芒，指揮水師停泊在江南，而當清軍屯兵到江南後，鄭成功又帶著水師停泊到江北。鄭軍水師行蹤不定，忽南忽北，清軍卻在酷暑和大雨中來回奔波，疲憊不堪。

正當清軍人困馬乏之際，鄭成功卻帶步兵登陸，清軍見鄭成功登陸，不由得暗暗心喜，鄭軍多為步兵，而陸戰本是清兵之所長，清軍出動騎兵，想以此衝破鄭軍的陣腳，待鄭軍陣勢一亂，便可掩殺取勝。

不想鄭軍對清軍的騎兵早有防備，先有「滾被兵」開路，只見他們頂著被子矮身突進，乃至匍匐而行，待清軍的騎兵逼近，便臥在地上，用大刀去砍清軍的馬腿。戰馬失蹄，清軍連人帶馬滾落下來，馬上遭到砍殺。清兵騎兵頓時陣腳大亂，急忙向後退卻，然後整頓馬匹，再度發起衝鋒，如此連續往返三次，騎兵損傷大半，「滾被兵」也多有損傷。

此時，鄭軍大船上忽有信炮放出，一柱藍色的光焰沖天而起，細細的一條，帶著尖銳的呼哨，焰火升到半空之中，猛然炸開，碎片四下裏迸濺。鄭軍兵卒見了，大舉撤退，向著岸邊跑去，似乎要退到身後的船上，清軍以為鄭軍力量衰竭，不敢戀戰，便趁機掩殺上來。

鄭成功在帥船上，見清軍騎兵殺來，將手中旗幟左右一揮，岸上的鄭軍忽然一分為二，分作兩隊，朝左右兩邊散開，隨後都伏在地上，用棉被蓋住身子，有的用雙手捂著耳朵，中間留出大片空白，清軍的大隊人馬正好暴露在鄭軍的火砲之中。隨即砲火連發，熱浪翻滾，飛沙走石，清軍瞬間傷亡千餘人，緊急退到銀山，堅守不出。

銀山是鎮江的門戶，清兵在此堅守，也是為了守住鎮江。鄭成功知清軍用意，便傳令下去，命先前訓練好的鐵人夜間出動，攻打銀山。

當天夜裏，清軍的營門外出現了一隊龐然大物，個個身子滾圓，黑不透光，腦袋是個圓錐形，隱約看到腦袋上有黑洞洞的一雙圓眼睛，不知是什麼怪物。但見怪物們步伐整齊，向著營門逼近，走到近前才看到這些怪物身上披紅掛綠，眼睛眨動，儼然猛鬼。清軍見了很是驚怖，不敢出戰，只拿弓箭亂射。箭鏃射到鐵人身上，火星直冒，卻奈何他們不得。

鐵人繼續推進，撞倒了清軍兵營的木柵，逼得清軍用白刃相擊，鐵人刀槍不入，清軍畏懼，四散而逃。當夜，在鐵人的衝擊之下，鄭成功又一鼓作氣拿下了銀山。

清軍提督管效忠不甘失敗，重整兵馬，帶著四千多人又來爭奪，結果遭到砲擊，傷亡慘重，最後僅剩百餘人。管效忠連夜逃回南京，見到郎廷佐，驚魂未定地說：「鄭成功果然兇猛，我自入關以來，身經百戰，從未經過這樣的死戰，險些丟了性命。」

管效忠逃走以後，鎮江守將獻城而降，城樓上重新換了大明的旗號。

鄭成功得了瓜州和鎮江，整頓兵馬，準備再圖南京。

痛失南京

南京是六朝古都，依鐘山，臨長江，盡得山川形勝之勢。明太祖朱元璋打下江山後，便定都於南京，後來永樂帝朱棣起兵攻陷南京，奪了姪子建文帝的皇位才遷都北京，但仍在南京留了一套備用的官僚體制，實際上是南北兩都並存，足見南京之重。

江南一帶反清勢力暗流湧動，清軍透過武力和收買控制了一些州府，卻難以深入，剃髮令的推行也遭到來自民間的抵抗，百姓仍心念大明，還有一些地方勢力正在騎牆觀望，搖擺不定。

鄭成功一心想要奪取南京，也正是這個緣故。新得瓜州和鎮江，猶如扼住了長江的咽喉，進可以攻，退可以守，從東海進入江南地區的門戶赫然打開。自古長江就是難以逾越的天塹，南京歷來以長江為依憑，不想會有人從長江口逆流而上，直接深入江南腹地，真是亙古未有之事。

鄭成功派人把守瓜洲和鎮江，隨後率水師逆流而上，向南京進軍。長江兩岸的樹木紛紛向後倒退，鄭成功站在船頭，口占一首七絕，慨然吟道：

縞素臨江誓滅胡，雄師十萬氣吞吳。
試看天塹投鞭渡，不信中原不姓朱。

辭采頗壯，眾部將聽了無不叫好，鄭成功隨即命人譜了曲，在軍中傳唱，以壯士氣。一時間，所有的戰船上無不迴盪著「不信中原不姓朱」的歌聲。

這次北伐可謂一路順暢，鄭成功揚眉吐氣，軍中士氣高漲。到了夜晚，船上點起火把，連夜進軍，松油燒得吱吱作響，江面映照著火光，如同白晝。住在江畔的人家在夜裏看到窗外明亮，打開窗戶，見遠處天際線上起了紅霞，人們紛紛走上街頭探聽消息，有人聽到了風聲，說是「國姓爺發兵來打江南了」。

到了南京城外，鄭成功率部拜謁明孝陵，祭奠明太祖朱元璋在天之靈，次日聚集眾將於觀音門，與眾將共議軍情。

「若奪得南京，東南半壁可傳檄而定。」鄭成功指著地圖上的南京對眾人說道。

這幅地圖為絲帛卷軸，圖上施以工筆重彩，可見山川地勢的形貌。南京的鋸齒狀城牆隱現在起伏的山巒間，長江橫在城北，就像將大地撕裂的一個口子，鄭成功的船隊正沿著這條裂隙西進。船艙之內，眾將分列左右，眾人俯身盯著桌上的地圖，外面起了風，桌上燈燭晃動，地圖上的關隘城闕與山林草澤也都搖曳不定，難以捉摸，鄭成功在燈下伸出手來，南京城便在他的手影覆蓋之中了。

這時有謀士進言：「何不等待雲貴的援軍到來，待他們揮戈荊襄，然後順流而下，與我軍會合，恢復中原有望。」

鄭成功連連搖頭：「萬萬不可。雲貴消息不通，勝敗未料，不如各自為戰，方為上策。」眾將聽了，也都深以為然。

船隊浩浩蕩蕩，終於逼近了南京城外，南京的最高軍政長官是兩江總督郎廷佐，也是清朝開國以來的第一任兩江總督。這一日，郎廷佐聞報，急得在公案前走來走去，彷徨無計，只得傳令登城，查看虛實。

在城中文武僚屬的陪同下，郎廷佐登上北城，放眼望去，但見往日裏奔湧的長江有半截映著夕陽，另外半截黑沉沉的，原來是一支船隊遮蔽了水面，不留縫隙，密不透光。定睛細看，隱約見到無數方形的船頭湧動，船帆的黑幕切割著夕陽，再往東看，幾乎望不到邊際，鄭成功的戰船把半條長江塞滿了。船上鳴放火砲，砲口火光一閃，砲彈飛到岸上炸開，頓時硝煙滾滾，隨後聽到驚天動地的巨響，城牆也猛地一顫。

郎廷佐見鄭成功兵威煊赫，不由得倒吸一口冷氣，急忙回到城中，召集文武官員商議防禦之策，從鎮江敗退的將領獻計：「鄭成功銳氣正盛，且長於水戰，不可與之交鋒，不如固守城池，等待援兵。」

郎廷佐無計可施，嘴裏說道：「鄭成功兵多，城中兵少，若來攻城，想要據守，實非易事，不知能堅持多久。」郎廷佐的手下也是一籌莫展，苦思半晌，郎廷佐居然想到了一個主意，他提筆給鄭成功寫了一封信，信中寫道：「將軍興師遠來，城中空虛，勢不能敵，本當開城請降，然我朝有定制，守城若超過三十日，罪不及妻兒老小。如今我妻兒老小在北京城留做人質，不忍荼毒妻小，故請將軍寬限三十日，必不負也。」

郎廷佐念了書信，文武官員皆以為大謬：「鄭成功怎會輕易相信這等話？」

郎廷佐苦笑道：「不然還能怎樣，為今之計，只能死馬當作活馬醫了。」一面命人去鄭成功軍中送信，一面又修了加急的戰報，命人騎快馬去搬救兵。思來想去，又派人去拆南京城外的民居，將百姓撤到了城內，又命九門加強戒備，以免城中百姓與鄭成功暗中相通，偷開城門。

郎廷佐這邊忙得手腳不停，接連發出幾十封文書，一時間羽檄四出，馬蹄聲消失在黑夜裏。

鄭成功接到了郎廷佐的書信，交與眾將傳觀，眾將議論紛紛。「分明是緩兵之計，不可輕信。」大將潘庚鐘說：「孫子曰：『卑詞者，詐也，無約而請和者，謀也。』照此觀之，確實是緩兵之計，莫要中了計。」

鄭成功卻說：「我軍自北上以來，攻必取，戰必克，南京城內空虛，城池卻異常堅固，易守而難攻，我軍攻城器械不足，不可急攻，不如以攻心為上，暫且圍困城池，待得三十天後，再做計較。」說罷，又取出地圖，鋪在桌上觀看。

眾人聞言，面面相覷，不知該如何是好。大營裏燈火通明，照得眾將臉上格外明亮，眾人有詫異的，也有急躁的，還有的額上青筋暴起。

鄭成功看了看眾將，知道眾將心中不滿，便道：「我軍所擅者，是水戰，前者破瓜州和鎮江，是藉助水戰之威，攻城拔寨，實非我所長，南京城牆高大且長，我軍若攻城，兵將集中於一處，恐城中大軍突出，偷襲我側翼，則會一敗塗地。今有郎廷佐願降，且不論真偽，待圍城三十日後，即便他不降，城中也會糧草耗盡，到那時，南京不戰自潰。」

諸將還有力主攻城的，大將甘輝道：「城中兵馬幾千人而已，城牆綿延，正是其破綻，我軍擇機掩攻，找到兵力薄弱之處，便可破城而入，戰機就在眼前，不可拖延，此時不攻，待援兵一到，悔之晚矣！」

鄭成功恍若不聞，站起身來，說了聲「退帳」，甘輝等諸將頓足而去。

這時張煌言早已溯流而上去了安徽，招羅歸降的州縣，佔據了太平、寧國、池州、徽州等四府三州二十二縣，將南京孤立起來。聽說鄭成功一路勢如破竹，張煌言也來信力主進攻南京，鄭成功力排眾議，執意圍城，將張煌言的信擱在一邊，傳令所部兵馬紮下連營，圍困南京城。

張煌言聽說以後，連連嘆息：「若不此時進攻，待得援兵一到，與城中兵馬裏應外合，再圖南京，就勢比登天了。」

張煌言手下兵將不解其意：「延平王為何會出此下策？」張煌言搖搖頭：「看來，他是連戰連捷，開始驕傲懈怠了。」

消息傳到北京，清廷知悉，朝野震驚。順治皇帝這一年二十二歲，聽說江南半壁即將不保，先是揚言要御駕親征，後來為之氣餒，又要回關外躲避，遭到他的母后孝莊皇后的痛斥，才打消了這個念頭。

鄭成功的軍隊在南京城外駐紮，時日久了，兵卒居然開始飲酒、捕魚，全無防備，接連得勝後高漲的士氣漸漸回落，郎廷佐偵知，心中暗喜。這時，崇明總兵梁化鳳已率兵趕來增援，夜間偷襲鄭軍，鄭軍一觸即潰，待得回過神來，欲做反攻之時，梁化鳳已經收兵入南京城了。

幾天後，梁化鳳又帶騎兵來戰，佔據山勢高拔之處，縱馬自上而下，勢頭甚猛，鄭成功的部隊猝不及防，又被衝得大亂。不久，鄭軍穩住陣腳，開始反攻，郎廷佐在城上見了，忙傳令開東門，派出騎兵，繞到鄭軍身後。

經此襲擊，鄭軍開始潰敗，紛紛逃到江邊，船在江中未至，鄭軍多有落水者。

鄭成功軍中的鐵人急忙披掛上陣，哪知清軍早有防備，先前鎮江的敗將已經述說鐵人之形，披紅掛綠，令人心生恐懼，實則多半賴於威嚇，而行動笨拙，動轉不便，難以長途奔襲，清軍見鐵人湧來，便策馬急避，鐵人追了一程，頓感力疲，身上的鐵甲過重，而且天氣炎熱，太陽曬得鐵甲發燙，鐵甲內的勇士酷熱難耐。這時清軍折回，用斧和錘擊打鐵人，鐵人受到巨震，頭暈目眩，有的倒在地上，被清軍抬到車上綁走，對付清騎兵的鐵人也宣告失敗。

清軍另有一路從水上殺來，趁著鄭成功大部份兵馬在岸上，船中兵將空虛，便順流而下，去攻鄭成功的船隊。清軍縱火焚燒了鄭軍的大小船隻五百餘艘，夜晚的長江上火光沖天，身上著火的兵卒痛叫，翻身跌入水中，人喊馬嘶，江水為之沸騰，在混亂之中，鄭成功在侍衛的拚死保護之下退到了大船上，下令開船撤兵。

清軍又追擊一陣，直到鄭成功的水師開砲，清軍見砲火猛烈，不敢急追，才收了兵。南京之戰，損失慘重，當為鄭成功所經歷的最大的失敗，甘輝、張英、林勝、潘庚鐘等大將陣亡，這些都是身經百戰、不可多得的將才，他們的陣亡，如同折了鄭成功的羽翼，水師戰船也遭遇重創，一時難以恢復。

鄭成功慟哭：「是我之過也，不該輕敵，鑄成大錯！」

檢點殘兵敗將，棄了瓜州、鎮江等地，出長江口，不甘心失敗的鄭成功原想奪取長江口的崇明島，作為抗清的跳板，再圖恢復，怎料大軍新敗，士氣不振，崇明總兵梁化鳳這時已回到崇明，帶兵守城，鄭成功命兵丁開砲，轟開了崇明的城牆，梁化鳳派兵堵上了缺口，幾經拉鋸，居然未能攻下小小的崇明。有部將勸道：「崇明小城，久攻不下，不宜耗費兵馬。」鄭成功聽了，下令收兵。

經崇明一戰，鄭成功徹底放棄了長江，從長江口出海，黯然返回福建。

鄭成功的北伐之戰軍威凌厲，原本令順治皇帝都想放棄北京回到關外，誰料敗得如此突然。這是一支水上的勁旅，到了陸地上，難免有進退失據之憂，不擅陸戰、不擅攻城是鄭軍的劣勢，這一劣勢一直未能扭轉。

戰後的鄭成功元氣大傷，不但損兵折將，也折了不少戰船。回師的海路上，鄭成功望著殘損的船帆還有甲板上的砲坑，兀自嗟歎。

旗幟上殘留著燃燒的痕跡，帥旗上用金線繡成的「鄭」字仍在晦暗中爍爍放光，受傷的將士呻吟連連，大船揚帆，藉著風勢疾速前進，而鄭成功的心境卻難有暢快，環顧左右，不見了甘輝等大將，所剩的盡是平日裏難當大用的偏將，他不禁落下淚來。試想當初若拚力攻城，或許還會有一線希望，如今這希望也化為泡影，想起甘輝所說，悔不聽其言，若從其言，即便不勝，也不會有今日的慘敗。

從此以後，鄭成功再也沒能發動大規模的北伐，東南一帶的抗清活動隨即陷入低潮。見鄭成功敗退，原本歸附鄭成功的州縣又紛紛倒向清朝，南京城外的失敗使得大明王朝失去了最後的機會。

戰機稍縱即逝，此後清軍得知南京的緊要，開始增兵防禦。與此同時，永曆帝在雲南被清兵追趕，被迫走入緬甸，南明王朝已成強弩之末，命懸一線。

廈門大捷

鄭成功北伐失利，回到廈門修整。南京之戰無功而返，鄭成功派人送信給永曆帝，請求貶去王爵，仍用招討大將軍印，繼續反清。

稍做休整之後，為祭祀北伐中陣亡的甘輝等諸將，鄭成功又建了忠義廟，舉行祭祀時，鄭成功痛哭道：「若早聽甘將軍之言，何至於此……」

鄭成功雖敗回廈門，清廷卻看到了南京之戰的巨大威脅，鄭成功帶著船隊在海上來去如風，東南半壁的門戶大開，實在難以防備，於是決定起兵一舉消滅鄭成功的力量，最終平定東南。

順治帝派出驍勇善戰的滿人達素為安南將軍，閩浙總督李率泰為協從，征討鄭成功。心高氣傲的達素還沒到福建，便揚言說：「廈門乃彈丸之地，很快就要成為第二個崖山了。」

永曆十四年（清順治十七年；一六六〇年）三月，達素抵達泉州後開始籌劃攻打廈門，明清之間的又一場大戰即將拉開帷幕。

達素為了能一戰而勝，重金收買了鄭成功的廚師張德，要其在鄭成功的飯菜裏投放孔雀膽以毒死鄭成功和他的部將。當張德在鄭家酒宴上端出下過毒的美味佳餚時，因過度緊張，眼神閃爍，雙腿戰慄，終被鄭成功識破，張德被處死。

廈門附近的海面上佈滿決戰之前的緊張空氣，鄭軍在島上修築防禦工事，修繕船隻，備足彈藥。從北方來的清軍精鋭在泉州附近集結，各省水師也向福建聚攏，東拚西湊來的戰船加起來竟然也有上千艘。

這次討伐鄭成功的還有他手下的叛將施琅、黃梧，這兩人之前與鄭成功不睦，先後投向了清軍。他們善於水戰，熟知廈門的地形，當是鄭軍最大的威脅。

達素聽說張德投毒不成，便拿出了他的作戰計畫，準備兵分兩路，從南、北兩個方向揚帆出海夾擊廈門島，北路由達素、施琅率領小船隊進攻，南路由李率泰、黃梧率領大船進攻。

鄭成功聞報，得知這兩路水師暗藏玄機。原來，北路水師的小船中暗藏清兵精鋭，都是入關以來身經百戰的將士，而南路的大型艦隊上多為普通士兵用來佯攻，以便吸引鄭成功的注意力，掩護北路水師進行搶灘登陸。

對於清軍的舉動，鄭成功早已心知肚明。他對諸將說：「諸位，清兵南北夾擊，是想讓我軍首尾不能兼顧，若我主力向北，則清軍大艦將在島南突破我軍防線，若主力向南，北路水師精銳一旦搶灘登陸，則勢難抵擋。若我軍兵分兩處前去抵禦，又兵力不足，南北兩路敵兵，虛虛實實，互為奇正，果然是一條毒計。」

老將軍陳輝道：「事到如今，只能拚個魚死網破，但如何打法，還請王爺示下。」

「沒錯，老將軍言之有理。」

「跟清軍拚了！」眾將附和道，紛紛請令出戰。

鄭成功抬手制止了眾人的吵嚷：「當然是要拚死一戰，但如何打法，卻不能草率。依我之見，我親率主力艦隊去南路迎擊清軍的大艦，餘下的兵馬船隻去北路迎敵，務必死守，待我在島南得勝，再來接應。」

佈置停當，眾將領命而去。只有陳輝留在帳中不去。鄭成功見了，便問：「老將軍有何話說？」

陳輝道：「如此佈置，正合清軍心意，北路才是其主力，南路只是佯攻而已。」

鄭成功說：「除此之外，別無良策，老將軍豈不聞田忌賽馬之事？以我上駟，速破敵軍下駟，然後合力擊其上駟，但求天遂人願。」

陳輝聽了，只得點頭稱是，回到軍中調兵遣將去了。

當夜晚間，鄭成功帶了親兵去北岸查看防務，兵卒忙碌如蟻陣，新築的花崗岩城牆沿著岩壁矗立，扶著垛口向下望去便是泛著銀光的海面，波浪依舊起伏不斷。

鄭成功的目光從遠處收回，望著城牆之下的海灘，除了波浪撞上礁石的聲音，倒是一片寂靜。但過不了多久，這裏將會變成戰場。

「此處地勢頗為險要，卻也不可掉以輕心，屆時會有我方艦船在前方海面與清軍交戰，爾等需全力協同作戰，不得讓清軍踏足半步。」

鄭成功話音剛落，城牆上下的兵卒齊聲高喊道：「遵令！」

鄭成功見士氣高昂，甚為滿意。

清軍的水師說到就到。五月十日早上，由李率泰、黃梧率領的南路清兵水師從海上蜂擁而來。李率泰本是遼東鐵嶺人，隸屬漢軍正藍旗，隨清兵入關後頗有戰功，升至總督，然而卻不懂水戰之法，實際上由黃梧指揮。黃梧是漳州人，在福建海濱長大，早年曾追隨鄭芝龍，精通海事，他選定的進攻時間正是廈門島南部洋流漲潮之時。他早已算定，這天早上辰時左右，潮水將會迎來大漲。

辰時一到，清軍的艦隊便出現在海面上，鄭成功暗叫：「不好！」這時潮水開始漲起，波浪翻滾，向著海岸層層推來，清軍的戰艦藉著潮流的奔湧之勢向鄭成功的艦隊發起了衝擊。

鄭成功的艦隊背靠海島，面向大海，被潮水所逼處於守勢，而清軍卻來勢兇猛，艦船出沒在波峰之上，弓箭和火砲一起射來，鄭軍只能在近海拋下錨碇硬抗清軍的衝撞，等待潮水退卻，才能發動反攻。

黃梧帶兵猛攻，先是奪走了鄭軍的幾艘戰船，然後又靠近老將陳輝的船隻，一隊清兵迅速攀上船舷，衝上甲板，眼看大船就要被清兵奪去，陳輝取來引火之物，將船點燃。

大火一起，陳輝和手下都跳到海裏，他們從小在海邊長大，水性極佳，只見他們跳到水裏，瞬間爬上了遠處的另外一艘戰艦，繼續與清軍戰鬥。而登上船的清兵就沒有這麼好運，他們是北方人，多數不識水性，不是被燒死，就是落入水中淹死。

戰鬥一開始就如此激烈，在經歷了最初的慌亂之後，鄭成功的艦隊漸漸穩住陣腳，而清兵在風浪中搖晃久了，開始有人暈船。鄭成功的船趁機發射紅夷大砲，這大砲得自葡萄牙人，是當時世界上最為猛烈的火砲，不僅射程遠、威力大，還能隨時調轉砲口，鎖準目標，幾十門紅夷大砲同時開火，清軍被猛烈的砲火壓制，傷亡慘重。

就在南路打得不可開交之時，北路清兵也已殺到，在海上與鄭軍的水師展開拚殺，清兵採取急攻策略，一樣懾於鄭軍大砲的威力，難以穿過防線，只得從側翼另出一隊去攻打十幾里外的潯尾寨，企圖在此找到突破口。哪知此處地勢險峻，礁石犬牙交錯，難以登陸，鄭軍發現暴露在低處開闊地帶的清軍，槍砲齊發，於是清軍就成了鄭軍的活靶子，一個個倒在海濱，血水染紅了沙灘。

施琅見此處難以攻下，臨時改變計畫，又帶一隊水師繞到廈門島東部，避開南北兩個戰場，在赤山坪重新開闢一處登陸地。因此處淤泥眾多，清兵船隻多有擱淺，身穿沉重盔甲的清兵正在淤泥中掙扎之時遭到陸上鄭軍和尾隨而來的鄭軍水師前後夾擊，死傷大半，所剩無幾。

這場激戰從早上持續到中午，處於南部戰場的鄭成功見海面已經恢復平靜，潮水即將退去，等待已久的反攻時機就要到來。他按劍來到船頭，俯視船側的水流，然後抬起頭來，拔出寶劍舉向空中，兵卒們見了，知道是反攻的號令，便藉助潮水的威力，六百艘戰艦順勢而上，將清軍艦隊衝得七零八落。

海面上，清軍的戰艦或被擊沉，或被搶攻而上的鄭軍奪下，落水淹死的清兵更是不計其數。只有個別清兵抱住破碎的船板在海上漂蕩，又被鄭軍用火銃射殺。清軍散落在水中的物資被鄭軍及時打撈上來，得來的清軍艦船也都補充到鄭軍的艦隊中。

廈門一戰，清軍的八旗精銳喪失殆盡，自入關以來，從未有過這樣的大敗，達素、李率泰等主將跳水逃生，得以脫險。順治皇帝聞報以後大發雷霆，將達素、李率泰降職治罪，又另派洛托為安南將軍，再度出征廈門。

洛托接受任命以來，夙興夜寐，不敢大意，前者達素新敗，稍有不慎，即會重蹈覆轍。兩個月後，洛托再次採用施琅的戰術，避開鄭軍主力，選擇從薄弱之處登島，在海灘上與鄭軍展開激戰。鄭軍依仗海島地勢，又有居高臨下的猛烈火力，在海灘上打退了清軍的進攻，清軍又一次遭遇了大敗。

清軍在廈門連續遭遇兩次失敗以後無力再戰，沿岸的水師也幾乎被鄭成功全部蕩平，再無海軍力量可與鄭成功抗衡。此後二十多年，清軍不敢再踏入廈門半步，滿洲精銳的喪失，也使清廷日後不得不依靠漢人綠營軍來征戰。為了防禦鄭成功的反攻，清廷實施了更為嚴厲的海禁政策，沿海各地居民內遷五十里，將原有房屋村舍焚毀，不許漁民越界捕魚，違令者斬。

鄭成功為了解決糧草給養問題，於是將目光投向了廈門以東的臺灣，聽說臺灣土地肥沃，物產豐富，便想進入臺灣耕種屯田，發展貿易，再圖恢復。

智取臺灣

此時的臺灣已經是荷蘭的殖民地。

十六世紀中期以後，美麗富饒的臺灣開始成為西方殖民主義者覬覦的對象。西班牙、葡萄牙等列強先後侵擾臺灣，或掠奪資源，或進行宗教文化侵略，或直接出兵佔領。十七世紀初，荷蘭打破了西班牙和葡萄牙人的殖民霸權地位，來到東方，積極參加對殖民地的掠奪，先後於明朝萬曆三十年（一六〇二年）和天啟二年（一六二二年）兩次侵佔澎湖。

天啟四年（一六二四年），明政府出兵將荷蘭人逐出澎湖，俘獲荷蘭軍主將，荷蘭軍的餘眾轉移至臺灣南部，侵佔了西南部的大員，並在那裏建立熱蘭遮城（今安平古堡），又在赤嵌建立了普羅民遮城（今赤崁樓）。又於崇禎年間打敗了侵佔臺灣北部的西班牙人，自此，荷蘭人佔有臺灣全島，當時，熱蘭遮城是荷蘭人統治臺灣全島和對外貿易的總樞紐。

鄭成功為了開闢新的抗清基地，決定進取臺灣。

當一位叫何斌的人從臺灣潛回廈門，獻上親手測繪的臺灣軍事地圖後，更加堅定了鄭成功進取臺灣的決心。

何斌是福建南安人，早年曾隨鄭芝龍到臺灣，後來學得荷蘭語，成為荷蘭人的通事。何斌趁機來到廈門，向鄭成功建議說：「王爺為何不去取臺灣呢？臺灣本是鄭家的故地，今被荷蘭人佔據，百姓受欺壓已久，王爺若攻臺，百姓必定翹首以待。」

鄭成功道：「但不知臺灣的情形如何？」

何斌說：「臺灣土地肥沃，有大片土地可以耕種，莊稼一年三熟，糧食充足，臺灣的雞籠、淡水兩地還出產硝磺，可以用來造火藥，且臺灣海峽風高浪急，可為屏障。內修耕種，外與遠洋通商，十年生聚，十年教養，可成霸業，到那時，恢復中原也非難事。」

說完，何斌指著獻上的地圖說：「圖中盡繪臺灣沿岸地形及港口，還標注了荷蘭人的城池佈防和港口水位，此圖可助王爺一臂之力。」

鄭成功聽了何斌的一席話，又仔細看了何斌獻上的地圖，大喜過望。於是參照地圖，開始日夜籌劃攻臺之事。

經過周密籌備，鄭成功率領兩萬五千名兵將，百餘艘戰船，於永曆十五年（清順治十八年；一六六一年）二月從金門島出發，穿越臺灣海峽，在澎湖列島成功登陸，準備擇機攻取臺灣。

站在船頭，鄭成功遙望臺灣，想起父親鄭芝龍當年曾帶領飢民入臺開墾，勤勞發展，臺灣本是先人經營之舊地，撫今追昔，百感交集，便吟了一首詩：

開闢荊榛逐荷夷，十年始克復先基。
田橫尚有三千客，茹苦間關不忍離。

荷蘭駐臺灣的總督名叫揆一（Frederick Coyett），還有一員主將名叫貓難實叮（Jacobus Valentyn），聽說鄭成功要來攻打臺灣，揆一心生畏懼，將臺灣的守兵集中在熱蘭遮城和普羅民遮城，揆一親自守熱蘭遮城，貓難實叮守普羅民遮城，兩座城池互為犄角之勢，隔海相望，互相呼應，準備迎戰鄭成功的海軍。鄭成功決定先進攻普羅民遮城，因為普羅民遮城附近有台江和鹿耳門兩個港口。台江本是良港，水深而闊，有貓難實叮佈置的艦隊，鹿耳門地勢複雜，其下多為亂石和沙壩，大船吃水深，若是誤入其中容易擱淺，相當險要。

清人郁永河曾云：

鐵板沙連到七鯤，鯤身激浪海天昏。
任教巨舶難輕犯，天險生成鹿耳門。

鹿耳門作為港口，早已廢棄不用，只有小船偶爾能通行其間，故而荷蘭人不在此設防，為的是引誘鄭成功的艦隊落入陷阱，然後一舉殲滅。

攻臺這天，海面上起了大霧。鄭成功從澎湖起兵時，有個製作夜壺的匠人前來投軍，帶來幾大車夜壺，鄭成功見了，忽然生出一計。艦隊駛到了台江港外，鄭成功命人將夜壺封了口，外面罩上頭盔，一個個扔到海裏，又命人放下幾十隻木筏，在筏子上各放了一隻活羊，羊的兩隻後蹄倒捆在桅杆上，兩隻前蹄下面放了一面鼓。羊半懸在木筏上面，前蹄無法落地，只得不停地踢踏鼓面，踢得鼓聲隆隆，幾十隻羊一起擂鼓，鼓聲大作，響如雷聲。

荷蘭人的艦隊聽到動靜，見大霧之中滿是鄭軍的士兵，從海面上泅水而來，腦袋在水中一起一伏的，在他們身後可以隱隱看到鄭軍大船的帆影，看這架勢，分明是鄭軍派出的精兵在泅水偷襲，似乎要從台江港搶灘登陸。荷蘭人側耳細聽，又聽到鼓聲隆隆，聲勢頗壯，正是鄭軍在擂鼓助威，海上大霧彌漫，也不知鄭軍來了多少人。

荷蘭人不敢怠慢，振作精神，砲火齊鳴。砲彈所到之處，在海面鑿出一個個深坑，海水瞬間被炸上了天，空中就像下了一場大雨，海中的魚蝦也跟著遭了殃，被砲彈擊中，飛上天空，又落回海中。

再看海中，鄭軍的泅水士兵已經損失大半，荷蘭人洋洋得意，以為把鄭軍打死不少，於是又急發一陣大砲，幾乎將泅水的鄭軍消滅殆盡，原先密集的戰鼓好像也停了下來，海面恢復了原狀，只有波浪堆疊的聲音。

荷蘭人覺得哪裏有些不對勁兒，再看遠處的鄭軍，帆影已經消失不見，泅水的兵卒也不見了，荷軍以為是鄭軍見砲火威猛，又損失了大量兵卒，便知難而退了。

荷蘭人見贏得如此容易，開始在艦上慶祝勝利。

此時，鄭成功的主力已經繞到了鹿耳門，準備從鹿耳門登陸。原來鄭成功早就從當地漁民那裏瞭解到，這鹿耳門雖是險灘，但每月的初一和十六會有大潮，水位加深，遠遠高於往日。

鄭成功早已算準了時間，他發兵這天正是四月初一，機不可失，時不再來。艦隊分出一支，從海面上拐了個彎，直奔鹿耳門駛去。

逼近鹿耳門時，鄭成功派出哨探船，拋下測深錘，測量水位高度。不多時，哨探船回報：「鹿耳門已經漲潮，水位可供大船通過。」

鄭成功大喜，忙吩咐左右開船。艦隊從鹿耳門狹窄的水道中依次通過，直達普羅民遮城下。城中的貓難實叮卻渾然不知，此刻他剛接到戰報，說前方艦隊正在台江港外和鄭軍激戰，已將鄭軍消滅大半，剛高興了半截，又有人急報，說鄭軍已經殺到城外。

話音剛落，鄭軍已將普羅民遮城團團圍住，正在放砲攻城。砲彈砸在城牆上，門窗一陣震顫，貓難實叮吃了一驚，他無論如何也不敢相信，鄭成功居然能攻到城外。登城一看，四下裏都是搖旗　喊的鄭軍，而普羅民遮城中只有三百多荷蘭兵。

貓難實叮大怒：「廢物，船上的那些傢伙都是廢物！」趕忙召集將士上城守衛，荷蘭人在城上安置的火砲，打擊非常精準，給鄭軍帶來不小的傷亡，鄭成功下令暫停攻城，轉為圍困，雙方陷入僵持階段。

海上的荷蘭艦隊回過神來後，開始向鄭成功的艦隊進攻，鄭軍以六十艘戰艦迎敵。荷軍赫克托號是主力艦，雖然船身高大，裝備精良，但由於船員操作不慎，大砲火花引爆火藥而沉沒。

主艦一沉，荷軍其他戰艦都很恐慌，人心渙散。鄭軍士氣大振，紛紛跳上荷蘭戰艦，與荷蘭人展開面對面搏鬥，殺得荷軍心驚膽戰，紛紛潰敗。

佔領鹿耳門港後，鄭成功寫信給揆一勸降。揆一見信之後，思量鄭軍威猛，難以力敵，便派人來求和，願給鄭成功十萬兩白銀，請鄭成功退出臺灣。

鄭成功在回信中嚴詞拒絕道：「臺灣者，中國之土地也。久為貴國所踞，今余既來索，則地當歸我。」揆一收到回信，仗著城池堅固，死守不出。

普羅民遮城的貓難實叮也收到了鄭成功的勸降信，他自知城中空虛，難以抵擋，便掛出白旗投降了。失去了普羅民遮城，熱蘭遮城便成了一座孤城，於是鄭成功下令圍城。據守熱蘭遮城的揆一船堅砲利，城堡牢固，想要與鄭成功決一死戰，他派出幾百名火槍兵，想在鄭成功立足未穩之時將其擊敗。

荷蘭人出動之後，鄭成功的前鋒部隊假裝失敗，引誘荷蘭人深入，又分兵繞到了荷蘭人身後，前後夾擊，殺得荷軍大敗，剩下的殘兵敗將逃回熱蘭遮城後，閉門不出。

原來揆一心中還存了一線希望，他在等待援軍的到來。因為在海戰之中，荷軍的一艘戰艦悄悄駛向了巴達維亞（今印尼雅加達），那裏也有荷蘭人的殖民地。果然，巴達維亞的荷軍派來了十艘大艦、七百名士兵向臺灣增援。

增援的荷蘭戰艦見鄭軍戰艦頗多，還未交戰，便已心生怯意，雙方開火之後，荷蘭戰艦即被鄭軍強大的砲火壓制住，兩艘荷蘭戰艦被鄭軍擊沉，另有一艘觸礁，餘下的狼狽逃回巴達維亞。

雖然打退了荷蘭的援軍，鄭成功還是擔心荷蘭人會有新的援兵到來，不知道巴達維亞還有多少艦隊，於是抓緊攻打熱蘭遮城，怎奈城池高大堅固，且形狀怪異，易守而難攻。

這座城池是歐洲的新式城堡，在火器出現之後，舊式的城堡已經難以抵禦砲火，為了應對火器攻擊，新式城堡的各個角落都有凸出的砲臺，可以居高臨下，形成交叉火力，向來犯者開砲。因這些砲臺三面懸空，只有一面與城堡連通，故而在防禦上幾乎沒有死角。鄭軍在攻城時損失慘重，只得繼續圍城，等城中彈盡糧絕之時，再發起總攻。

熱蘭遮城被圍困長達八個多月，城中缺糧少彈，荷軍共餓死了一千六百多人，剩下的六百多人能戰鬥的不足半數。鄭成功藉機用砲彈轟擊城牆，揆一終於堅持不住，開城向鄭成功投降。

這一天是永曆十六年（清康熙元年；一六六二年）二月一日，侵佔臺灣長達三十八年的荷蘭人徹底被鄭成功驅逐出境。

經略海外

鄭成功收復臺灣之後，祭祀山川神祇，安撫臺灣百姓，改熱蘭遮城為安平鎮，改普羅民遮城城為承天府，命楊朝棟為承天府尹、周全斌為南北路駐軍總督。又設了天興、萬年兩個縣，在澎湖設了安撫司，還在東都設了永曆帝之位，仍用明朝衣冠，文武百官各就其位，典章制度一如舊時。

新得了臺灣，正是百廢待興之時。鄭成功明示眾將：「我軍渡臺，非為苟且偷安，此處土地肥沃，大可以寓兵於農，屯田養兵，待將來天下有變，便可出師北上，恢復中原。」

眾將不解其意，便問這「寓兵於農」之意，鄭成功說：「古往今來善為將者，無不通曉屯田養兵之法，以兵卒興農事，且耕且戰，穩固一方，便可兵精糧足。昔有諸葛亮屯田渭濱，司馬懿屯田渭南，姜維屯田沓中，杜預屯田襄陽，皆是善於用兵者。如今這裏偏居海濱，可謂險絕之地，正當居安思危，努力開墾，怎能掉以輕心。前人屯田之法，正可為我所用。」

眾將稱是，便請教其法。鄭成功說：「按地開荒，插竹為社，斬茅為屋，訓練生牛犁田。丈量土地，劃歸版圖，照三年開墾，然後定上、中、下三等，確定賦稅。三年內的收成，只給公家十分之三。農閒的時候進行軍事訓練，如果遇到戰事，這些人便拿起武器，充作兵丁，太平無事的時候則放下刀劍，進行耕種。戰時是兵，平時是農，兵農一體，土地得以開墾，糧餉得以豐饒。」

鄭成功說完，眾將讚歎：「此法大妙，若照此執行，田野之中便沒有棄擲的荒地，軍中便有充裕的糧草。」

此時戶官楊英建議向平埔族部落派出有經驗的漢人指導農事，謂之「農師」，鄭成功認為此法大妙，於是按法施行，土著得到了鄭成功分發的種子和耕牛，開始和漢人農師學習耕種之法。

這一日，鄭成功帶人視察平埔族部落，來到田野，只見平埔族人正在驅趕耕牛犁地。雨後新翻開的土地又黑又亮，野草都被清理到田壟之外。鄭成功問左右：「這裏有農師嗎？」有人指給他看，不遠處一個農師正在矯正一個族人扶犁的姿勢。

鄭成功來到田邊觀看，見農師正從田壟上倒退出來，立在田間小路上，望著平埔族人扶犁前行，那個族人雖仍顯得笨拙，但已經能和耕牛的步子相合。當牛慢下來時，他便揮鞭驅牛，眼看著土地翻開了大片，驅牛的族人面有喜色，笑盈盈地側身望著腳下的土地。

鄭成功走上前來，農師見他身著蟒袍，頭戴王冠，趕忙施禮道：「您是國姓爺？」

鄭成功雙手將他攙起：「正是。」

鄭成功見農師臉上曬得黝黑，便問道：「你是哪裏人氏？」

農師躬身道：「小人姓陳，是福建漳州人氏，家中父母早已亡故，亦農亦漁，勉力維生，近來清人頒發了遷界令，離海五十里處挖了一條大溝，樹立界碑，凡是越過界限的，就要捉住殺頭。界外的房屋、田地、漁船這些搬不走的財物，都要焚毀。不得生路，只好逃到臺灣來謀生，因為會使耕牛，被選作農師，教當地人種田。」

鄭成功點點頭，對左右道：「清廷不得人心，以至於此。遷界無異於驅逐百姓，百姓前來歸我，是遲早的事。」

說罷，回頭又對農師說：「臺灣土地肥沃，這些年風調雨順，你在這裏教會他們種地，我便劃土地給你耕種，保你在此安居樂業。」

農師聽了，千恩萬謝，這時族人已經耕完了一塊地，農師便又回到地裏幫其卸犁。部落的長老聽說鄭成功到來，便趕來相見，長老為鄭成功準備了四樣禮物，裝在四個盤子裏，分別是金、銀、穀、土，各由四個高山族女子雙手捧著，舉過頭頂，虔敬奉上。鄭成功看了看，將金、銀、穀退回，他說：「我帶兵收復國土，不為金銀而來，而這穀物，你們當留作種子，播種下去，可以收穫更多的穀子。我只收這一盤土，土地是最珍貴的，所謂的國土，是生長穀物的土，要遠遠勝過金銀。」

鄭成功把這盤土捧在手中，轉身對眾將說：「我鄭氏一族本在海上建功立業，向來不重土地與農耕，然今非昔比，若不遠征臺灣，得此一塊土地，怎能有用武之地？」眾將和百姓抬眼望去，見那一盤土在鄭成功的手中堆成了小丘狀，因是新掘出來的，還帶著濕氣，在陽光的照射下，隱隱有蒸汽上騰。

平埔族民聽說鄭成功只重土地不重金銀，都大為歎服。在此之前，原住民的農業還處於刀耕火種的原始階段，並無先進的農具可用，開墾時並不知道犁鋤的便捷，只知道用刀和鉤掘地，費時又費力，到了收穫時，也不知道使用鐮刀，而是一棵一棵用手拔，收完一塊地，要用幾十天時間。

鄭成功帶來的耕牛、犁和鐮刀都是來自中原的農具，在原住民眼中成了神奇之物。這些奇形怪狀的鐵片，與木柄、耕牛等物銜接在一起，居然有了不可思議的力量——原先幾十天才能幹完的活，現在幾天就能幹完了。

為此，人們在田中來回奔走，原先人跡罕至的地方，現在都有了牛蹄和犁鏵的蹤跡，呈現一幅安居樂業的幸福場景。

巡視完畢，鄭成功率人回府，打馬行到高處時，回身再望田野中那些忙碌的身影，用馬鞭指著身後，大笑道：「海外有此一片土地，恢復中原有望！」

起初，鄭成功遣兵開荒，執法甚嚴，部將馬信以為鄭成功過於急躁嚴厲，便進言勸諫。

鄭成功對他說：「我軍立足之初，立法當嚴，以為示範，往後便可循規而進，自然容易得多。古時子產治理鄭國，諸葛武侯治理蜀國，用法是嚴還是寬？」

馬信聽了，答曰：「前人用法，確是嚴苛。」

部將潘仁追隨鄭成功多年，屢立戰功，對於屯田十分不屑，他對兵卒說：「大丈夫當金戈鐵馬，征戰沙場，如今卻成了農夫，真是可笑。」於是命兵卒從田裏撤回，為自己修建府邸，鄭成功得知後，便下令斬了潘仁。眾將得知，無不驚悚，從此再也沒人敢輕視屯田政策，臺灣的開荒屯田措施得以迅速鋪展開來。

鄭成功深具「通洋裕國」的戰略思想，荷蘭人退卻之後，鄭成功控制了東亞的航路，他在鼓勵農耕的同時，積極開展海外貿易，使得商船往來如梭，財富源源不斷。

不幸的是，正值壯年的鄭成功，正在躊躇滿志經略臺灣，準備進一步在海外建功立業之時卻因病去世，而此時距離他攻取臺灣僅僅過去了四個多月。

鄭成功在臺灣的威望很高，他去世後，臺灣百姓紛紛進行悼念，為了紀念他的豐功偉績，臺灣百姓尊稱他為「開臺聖王」，又因他曾帶來十二張犁，教會臺灣百姓使用耕牛犁耙，所以又被稱為「十二張犁開臺聖王」。

鄭成功和清廷是不共戴天的仇敵，然而清朝的康熙皇帝卻非常欽佩鄭成功的氣節，在他死後多年，親筆為他題寫挽聯，盛讚他為「海外孤忠」。

聯曰：

四鎮多二心，兩島屯師，敢向東南爭半壁；

諸王無寸土，一隅抗志，方知海外有孤忠。

—鄭成功生平簡表—

一六一八年（明神宗萬曆四十六年）

建州左衛都督努爾哈赤以「七大恨」誓師，宣佈脫離明朝統治。

歐洲三十年戰爭爆發。

一六一九年（萬曆四十七年）

明後金薩爾滸之戰。

荷蘭東印度公司佔領爪哇，建立巴達維亞城。

一六二四年（熹宗天啟四年）

荷蘭人築熱蘭遮城。

一六二五年（天啟五年）

後金從遼陽遷都瀋陽，改名盛京，開始建造瀋陽皇宮。

冤殺熊廷弼，傳首九邊。

一六二四年（明熹宗天啟四年）

生於日本長崎縣平戶千里濱。

一六二六年（天啟六年）

努爾哈赤死，第八子皇太極嗣，是為太宗文皇帝。

西班牙登陸雞籠。

一六三〇年（思宗崇禎三年）

六月，張獻忠起事。

崇禎皇帝誤信金之反間計殺袁崇煥。

德國天文學家克卜勒逝世。

一六三三年（崇禎六年）

明朝與荷蘭發生海戰，水師提督鄭芝龍於福建大敗荷軍新式艦隊。

一六三五年（崇禎八年）

日本幕府將軍德川家康下鎖國令，此後兩百一十九年為鎖國時期，日本與世界關係斷絕。

一六三六年（崇禎九年）

皇太極即位，改國號為清，是為清太宗。

哥薩克軍隊到達鄂霍次克海，俄國征服了西伯利亞全境。

一六三〇年（思宗崇禎三年）

被父親鄭芝龍接回福建安平縣。

一六三七年（崇禎十年）

英格蘭王國查理一世派遣威德爾率領五艘商船在八月八日到達虎門，提出貿易要求，唯被明朝拒絕，引發了中國和英國第一次軍事衝突。

一六三八年（崇禎十一年）

清軍趨涿州，孫承宗率領全家子孫拒守高陽城，城破，一家四十餘口皆壯烈戰死；盧象昇率五千殘卒，在鉅鹿與清軍激戰中力戰死，全軍覆沒。

一六四〇年（崇禎十三年）

張獻忠入四川，李自成入河南。

葡萄牙脫離西班牙哈布斯堡王朝統治。

一六四一年（崇禎十四年）

荷蘭趕走西班牙人佔領臺灣。

一六四二年（崇禎十五年）

法王路易十四即位，年僅五歲。

一六三八年（崇禎十一年）

中秀才，入南安縣學，成為二十名「廩膳生」之一。

一六四一年（崇禎十四年）

奉父母之命，與禮部侍郎董颺先之女成親。

一六四四年（崇禎十七年；清世祖順治元年）

李自成入北京。崇禎皇帝朱由檢於北京煤山（今景山）自縊身亡。

五月清軍入北京。

一六四五年（南明安宗弘光元年；紹宗隆武元年；順治二年）

三月，多鐸率清軍開始侵略江南，在南京的南明政權逐漸崩潰，江南抗清義軍紛起。

五月，揚州十日，揚州平民遭到清軍大屠殺。

六月，多鐸率清軍至南京，南明禮部尚書錢謙益等迎降。清朝頒發剃髮令。

七月，李自成兵敗，大順政權覆滅。

八月（閏六月），南明唐王朱聿鍵在福州稱帝。

嘉興府被屠城，全部居民被屠殺。

八九月，嘉定三屠，嘉定平民死亡兩萬餘人。

十月，清軍攻佔江陰，屠全城，死難者甚眾。

一六四六年（隆武二年；順治二年）

大清帝國鰲拜出征四川張獻忠大西軍，在南充大破大西軍軍營，將領豪格於西充鳳凰山射殺明末張獻忠。

一六四四年（崇禎十七年；清世祖順治元年）

秋天，入南京國子監求學。

一六四五年（南明紹宗隆武元年；順治二年）

鄭芝龍等人擁立唐王朱聿鍵為帝，召見，賜封國姓，賜名成功，故又稱朱成功，或稱「國姓爺」。

同年十月，鄭成功之母田川氏從日本歸住安平縣。

一六四六年（隆武二年；順治三年）

隆武帝身死。鄭芝龍降清。清軍突襲安平，鄭成功之母死於亂兵之中。鄭成功焚燒儒服，誓師抗清。

一六四八年（南明昭宗永曆二年；順治五年）

威斯特伐利亞和約簽定，歐洲三十年戰爭結束。

明斯特和約簽定，荷蘭脫離西班牙而獨立。

一六五〇年（永曆四年；順治七年）

清軍攻破廣州，對城中居民展開大屠殺，後世稱為「庚寅之劫」。

一六五一年（永曆五年；順治八年）

順治帝開始親政。

克倫威爾領導的英國議會通過了第一個保護英國本土航海貿易壟斷的法案，以對抗荷蘭的航海事業競爭。

一六五三年（永曆七年；順治十年）

新阿姆斯特丹（今天紐約）建立。

克倫威爾解散英國國會。

波蘭承認烏克蘭的自治地位。

一六四七年（南明昭宗永曆元年；順治四年）

鄭成功與叔父鄭鴻逵攻打泉州不克，退兵安平。

一六四八年（永曆二年；順治五年）

鄭成功聞知永曆帝在梧州，乃改用永曆年號，永曆帝封鄭成功為威遠侯。

一六五〇年（永曆四年；順治七年）

鄭成功佔據金門、廈門，兵威大振。

一六五三年（永曆七年；順治十年）

鄭成功擊退來犯清兵，守住金、廈等地，永曆帝封鄭成功為漳國公。

一六五四年（永曆八年；順治十一年）

南明李定國三攻新會城，城中糧盡，清軍屠居人以食，略人為脯，死者男女七萬餘。

鄭成功攻打漳州。

波俄戰爭爆發。

第一次英荷戰爭結束，荷蘭戰敗與英議和，承認英國「航海條例」。

法國國王路易十四在蘭斯加冕。

一六五五年（永曆九年；順治十二年）

瑞典進攻波蘭立陶宛聯邦，第二次北方戰爭開始。

一六五六年（永曆十年；順治十三年）

清廷正式頒佈「海禁」。

荷蘭人佔領了斯里蘭卡的可倫坡，象徵荷屬錫蘭的開始。

一六五七年（永曆十一年；順治十四年）

南明發生內訌，孫可望被效忠永曆帝的李定國等軍擊敗後，向清廷投降。

清朝以「奉天承運」之意在瀋陽設奉天府。

波蘭立陶宛聯邦承認東普魯士之獨立主權。

日本江戶發生明曆大火，死傷人數超過十萬人。

一六五八年（永曆十二年；順治十五年）

滿洲將領沙爾虎達率四十餘艘船向入侵黑龍江流域的俄國遠征軍奧努弗里·斯捷潘諾夫軍隊發起進攻，俄人大多數被擊斃或生俘。

一六五九年（永曆十三年；順治十六年）

效忠明朝反抗清朝的鄭成功，攻打南京失敗。

清軍攻陷昆明後，永曆帝流亡緬甸。

法國路易十四與西班牙腓力四世簽定庇里牛斯條約，西班牙決定割讓邊界領土給法國以和平結束戰爭。

一六五七年（永曆十一年；順治十四年）

鄭成功從海路率部北伐，攻克台州，因清兵攻打福建，回師相救。永曆帝封鄭成功為延平郡王，故後世又稱之為「鄭延平」。

一六五八年（永曆十二年；順治十五年）

鄭成功再舉北伐，至舟山洋面，遭遇颶風，艦船損失嚴重，停留舟山休整。

一六五九年（永曆十三年；順治十六年）

鄭成功率水師攻入長江，連克瓜洲、鎮江，並圍攻南京，清廷為之震動，後因貽誤戰機，痛失南京，從海路退回廈門。

一六六〇年（永曆十四年；順治十七年）

波蘭立陶宛聯邦放棄波羅的海沿岸利沃尼亞的大部份屬地，瑞典在波羅的海勢力達到鼎盛時期。

英國皇家學會設立，成為近代科學革命的基礎。

一六六一年（永曆十五年；順治十八年）

中國清朝順治皇帝駕崩，由兒子玄燁繼位，年號康熙。

鄭成功率軍自鹿耳門登陸佔領臺灣。

瑞典斯德哥爾摩發行首批現代化的銀行鈔票。

一六六二年（永曆十六年；聖祖康熙元年）

荷蘭向鄭成功投降。

永曆帝父子在昆明遭以弓弦處絞。在他死後，鄭氏王朝仍沿用永曆年號。

一六六三年（永曆十七年；康熙二年）

清荷聯軍進攻鄭氏王朝。

一六六〇年（永曆十四年；順治十七年）

荷蘭通事何斌至廈門，獻臺灣地圖，建議鄭成功取臺灣。

同年，清軍主將達素率軍攻打廈門，被鄭成功擊退，清軍損失慘重。

一六六一年（永曆十五年；順治十八年）

鄭成功率軍橫渡臺灣海峽，攻克赤嵌城，圍困熱蘭遮城，至臘月十三（一六六二年二月一日），荷蘭總督揆一開城投降，鄭成功收復臺灣。

一六六二年（永曆十六年；聖祖康熙元年）

鄭成功病逝於臺灣，享年三十九歲。

一六六四年（永曆十八年；康熙三年）

英國軍隊在約克和阿爾巴尼公爵的指揮下，從荷蘭取得新阿姆斯特丹，並將其改名為紐約。

英國倫敦爆發鼠疫。

法國東印度公司成立。

一六六五年（永曆十九年；康熙四年）

第二次英荷戰爭爆發。

嗨！有趣的故事

鄭成功

責任編輯：苗　龍
裝幀設計：盧穎作
著　　者：盛文強

出　　版：中華教育
　　　　　香港北角英皇道 499 號北角工業大廈一樓 B
電　　話：（852）2137 2338
傳　　真：（852）2713 8202
電子郵件：info@chunghwabook.com.hk
網　　址：http://www.chunghwabook.com.hk

發　　行：香港聯合書刊物流有限公司
　　　　　香港新界荃灣德士古道 220-248 號荃灣工業中心 16 樓
電　　話：（852）2150 2100
傳　　真：（852）2407 3062
電子郵件：info@suplogistics.com.hk

版　　次：2022 年 10 月初版

規　　格：16 開（210mm × 148mm）
I S B N：978-988-8807-24-6

本書繁體中文版由中華書局授權出版